suncolⵔr

suncolor

創建專屬數據資料庫，提升個人發展，傳承數位遺產

# 第二大腦

THE SECOND BRAIN

涂子沛

著

suncolor
三采文化

我出版了近十部作品，從來沒有要求自己的孩子閱讀其中任何一本。但這本書例外，我希望自己的孩子以及子孫後代都認真閱讀，並且儘早在他們的日常生活中使用第二大腦。

——作者題記

# 推薦序／

## 擁抱 AI 時代，從活用第二大腦開始

《經濟日報》數位行銷專欄作家 鄭緯筌

　　過去，你可能聽過一句諺語：「活到老，學到老」，但我以為伴隨當今時代的演進，這句話應該改寫成「學到老，才能活到老」。道理很簡單，因為學習是一輩子的事，所以我們應該培養終生學習的興趣與習慣，才能與時俱進，並且活出精彩。

　　我是一個跨領域的學習者，也是一位專欄作家、企業顧問與職業講師。同時，我也在 Facebook 上頭經營一些社群，像是「我愛寫筆記」社團與「AI 好好用」社團。由於本人具有資訊與媒體的背景，加上工作的關係，我擅長各種數位工作術，也比一般人更關注資訊科技的發展趨勢。

　　所以，我不但認同本書所提倡的「第二大腦」的理念，也早就身體力行，更不時在各個學習社群或課堂上，跟很多朋友們分享相關的觀念與實作技巧。

　　我應用「第二大腦」的方法很簡單，就是透過便捷的數位工具、軟體或雲端服務，搭建自己的靈感資料庫。讓各種有趣的見聞與知識得以碰撞和融會貫通，也讓思維的火花得以迸發出來。

　　特別是在這個風起雲湧的 AI 時代，每個人在工作與生活中所面對的資訊量與日俱增，也還好有各種數位工具與軟體能夠協助我們過濾、整理與分析這些龐雜的資訊。因應資訊爆炸的挑戰，我們無法僅靠生物大腦去記錄、處理和整合龐雜的資訊，所以更需要仰賴「第二大腦」來協助有效管理知識，進而增進我們的思考和創新能力。

　　話說回來，如果你想要提高生產力，自然需要借助類似 Logseq 等數位工具來快速建立和搜尋資訊。換言之，活用「第二大腦」得以促進個人成長，我們不但可以藉此追蹤、管理個人的學習路徑，更能夠透過有效的資訊組織和分析來解決各種複雜的問題。

　　除此之外，「第二大腦」也能提供不同角度的資訊視野，有助於創新思考和萌發嶄新的創意與想法。透過本書作者妙筆生花的介紹，將有助於協助大家建構一套完整的知識管理體系，並提升自我的決策能力。

讀到這裡，也許你會感到好奇，我是如何搭建自己的「第二大腦」呢？

平時，我使用 Heptabase、Notion 與 Logseq 等數位筆記軟體來記錄重要的資訊，創建待辦事項清單，紀錄自己日常生活的思考與對各種事物的見解。我也會利用 XMind 或 MindManager 等心智圖軟體來視覺化思考過程，藉此整理並連結各種有趣的思維與想法。

同時，我還會建立自己的寫作靈感資料庫，儲存有趣或有用的知識和資訊，並定期更新和整理。當然，也會運用 Google Drive 或 Dropbox 等雲端服務來儲存和分享文件，並利用 Google 日曆來進行日程管理。在專案協作的部分，我也會使用諸如 Trello 或 Asana 來追蹤和管理工作項目。最後，我還會使用 IFTTT 或 Zapier 等數位工具來自動化一些專案任務，以期提高工作效率。

坊間的數位工具相當多，我認為不見得需要每一套都使用，最重要的是建立一套適合自己的工作流程與方法，並定期對其進行評估和調整。建議大家搭配本書所提倡的理念，相信可以讓你事半功倍、相得益彰！

# 拓寬人生的疆域，創新生命的延續

亞信聯合創始人 田溯寧

在 2022 年底，在疫情漸行遠去的時候，我收到了子沛的這本新書，當晚閱讀便愛不釋手。在元旦第一天，我又讀了第二遍，掩卷展望，為本書所描述的創新和未來心潮澎湃。

每一個人都是在認知與學習的不斷循環當中成長的，回想我們經歷的從幼兒園到大學的漫長教育過程，我們不得不承認，人類迄今為止，獲取知識的效率是如此之低，傾盡一生，所學也不過知識海洋當中的點滴，不僅不夠應對社會的需要，而且當我們走上社會，常常發現自己所學的知識與工作的需要不相配合，仍要重新學習。這些困境，相信每個人都可能碰到。

這幾千年來文明的進步就是人類不斷提高獲取知識效率的過程。從纂刻文字的龜殼到紙張的發明，從私塾、科

舉制度到現代教育體系，本質都是要提高知識獲取、傳承的效率。從人類歷史發展的階段和文明繁盛的地點，我們也不難發現，文明進步的廣度和深度，無一例外都與知識獲得、應用和傳承的效率直接相關。

從 1946 年開始的計算機為代表的資訊革命，帶來了幾十億網路的連結，使人類的數據、資訊、知識前所未有的爆炸，呈現幾何級數般的增長。近 10 多年來，雲計算技術使人類存儲、記憶觸手可及。當下，5G 技術又推動了物與物的連結與感知網絡的到來，不斷拓深了我們獲取數據的維度與深度。但如此豐富的數據和資訊如何變為我們個人的「知識」呢？只有知識才能改變我們的行為，提高生產力，優化生產關係。我們每個人，能不能像人類歷史上最傑出的先賢一樣，擁有強大的記憶、學習和思考的能力，跨越數據海洋的波濤，開始人類知識新大陸的旅程？

子沛的這本新書為我們打開了這種新的可能。他給新時代引入了 1 個新概念：第二大腦，並介紹了概念如何落地的方法和途徑。透過使用一些新的軟體工具，我們可以訓練、培育一種新的思考「器官」——讓第二大腦誕生。就像工業革命到來的時候，我們要學習駕駛汽車，操作機

器設備，學會適應流水線一樣，今天的人類面對數據經濟時代的新發展，必須要建立、訓練、使用自己的第二大腦，讓自己改變、進化，成為數據時代的新人。第一大腦與第二大腦擅長的功能是不同的，只有兩者彼此合作，人腦和電腦共創，即人機協作，才能使我們進入知識生產與應用的新時代，抵達知識大陸的新邊疆。

我完全相信，第二大腦對生產效率的提升是無所不在的，行業應用可謂無可限量。但第二大腦最打動我的一點，是擁有了它之後，人類個體的生命可以得到延續、記憶將會永存。就在過去幾年，我經歷了親人離去的痛苦。在 ICU 的病床旁邊，望著逝去的生命，我產生了深深的無力感，我們所推崇的、為之奮鬥的資訊技術、寬頻、網路似乎無助於挽救逝去的生命，在自然法則之下顯得那麼蒼白。本書用相當的篇幅，闡述了第二大腦如何作為個人最核心的數據遺產，被不斷地傳承、甚至被優化，惠及百代後世，成為個人、家庭、企業、群體傳承的載體。如果記憶不僅再是大腦回憶和照片，而是一個大腦對另一個大腦的繼承，生命是否會以另一種形式存在？我們也許就能減少伴隨親人分離而來的痛苦，這就是文明與進步的價值所

在，也是資訊技術對生命終極價值的慰藉。

中國人一直相信，人生的價值在於「立德、立功、立言」，但在過去，這只有少數聖人、賢者才能做到。今天由於資訊技術的進步、大數據時代的來臨，只要我們每一個人都接受訓練，下決心改變，讓第二大腦誕生，與其一同進化、互動。我們就有可能產生數以億計的賢者、能人。我們不僅能獲得屬於自己的成功，還能留下豐富的、有形的大腦遺產，為後人所繼承，讓世界持續進步。

工業革命以來的科學創新與技術應用，中國人一直是被啟蒙，百年來我們一直在奮鬥追趕。大數據時代以來，在觀念與技術的變革上，我們第一次與世界先進國家同步，這是時代給予我們每個人的最大饋贈，閱讀此書，開始啟蒙，創造屬於自己的第二大腦，這不僅會改變我們自己的人生，還將惠及自己的親人、企業、社會。就此而言，本書功莫大焉。

# 目錄

推薦序

## 擁抱 AI 時代，從活用第二大腦開始

《經濟日報》數位行銷專欄作家 鄭緯筌 ⋯⋯⋯⋯⋯⋯⋯⋯⋯ 005

推薦序

## 拓寬人生的疆域，創新生命的延續

亞信聯合創始人 田溯寧 ⋯⋯⋯⋯⋯⋯⋯⋯⋯⋯⋯⋯⋯⋯⋯ 008

第一章

## 為什麼需要第二大腦

| 1 | 令人恐懼的失憶症和不自知的健忘 ⋯⋯⋯⋯⋯⋯⋯⋯ 017
| 2 | 網路不是好的思考工具 ⋯⋯⋯⋯⋯⋯⋯⋯⋯⋯⋯⋯ 026
| 3 | 什麼是第二大腦 ⋯⋯⋯⋯⋯⋯⋯⋯⋯⋯⋯⋯⋯⋯ 035
| 4 | 本書的目的與結構 ⋯⋯⋯⋯⋯⋯⋯⋯⋯⋯⋯⋯⋯ 051

第二章

## 構建數位記憶體

| 1 | 塊：第二大腦的神經元 ⋯⋯⋯⋯⋯⋯⋯⋯ 057

| 2 | 標籤：為塊建立人工突觸 ⋯⋯⋯⋯⋯⋯⋯ 069

| 3 | 頁：第二大腦的反射區 ⋯⋯⋯⋯⋯⋯⋯⋯ 083

| 4 | 構建神經中樞和大腦皮層的意義 ⋯⋯⋯⋯ 097

| 5 | 用四個大類分揀一生所有的資訊 ⋯⋯⋯⋯ 111

| 6 | 使用全新的、革命性的日記模式 ⋯⋯⋯⋯ 117

第三章

## 創建高級的思考特質

| 1 | 構建網狀立體的結構 ⋯⋯⋯⋯⋯⋯⋯⋯⋯ 131

| 2 | 洞察、發現新的連結 ⋯⋯⋯⋯⋯⋯⋯⋯⋯ 146

| 3 | 人機協作催化新的創意 ⋯⋯⋯⋯⋯⋯⋯⋯ 165

| 4 | 使用 Query 和搜尋的技巧 ⋯⋯⋯⋯⋯⋯ 177

| 5 | 改寫、化用和互文：創建新的「腦細胞」 ⋯ 188

第四章

## 誤區、障礙和方法論

| 1 | 誤區一：記憶力好 ≠ 不需要記錄 ⋯⋯⋯⋯⋯⋯⋯ 205

| 2 | 誤區二：懂了 ≠ 不值得記錄 ⋯⋯⋯⋯⋯⋯⋯⋯⋯ 215

| 3 | 大障礙：日常的想法難以記錄 ⋯⋯⋯⋯⋯⋯⋯⋯ 221

| 4 | 兩種建設方法 ⋯⋯⋯⋯⋯⋯⋯⋯⋯⋯⋯⋯⋯⋯⋯ 231

第五章

## 正在改變的個人遺產和家族傳承

| 1 | 個人的真正遺產究竟是什麼 ⋯⋯⋯⋯⋯⋯⋯⋯⋯ 245

| 2 | 普通人將擁有的不朽之路 ⋯⋯⋯⋯⋯⋯⋯⋯⋯⋯ 256

| 3 | 第二大腦如何繼承 ⋯⋯⋯⋯⋯⋯⋯⋯⋯⋯⋯⋯⋯ 264

| 4 | 人機協作是真正的未來 ⋯⋯⋯⋯⋯⋯⋯⋯⋯⋯⋯ 271

結 語

## 憑藉人機協作，成為智慧增強人

憑藉人機協作，成為智慧增強人 ⋯⋯⋯⋯⋯ 287

後 記

後 記 ⋯⋯⋯⋯⋯⋯⋯⋯⋯⋯⋯⋯⋯⋯⋯⋯⋯⋯⋯⋯ 307

# 第一章

# 為什麼需要
# 第二大腦

　　第二大腦是為了配合我們的生物大腦
而產生的。雖然為了完成最佳效果的匹
配，它首先要對生物大腦進行複製，但複
製不是匹配的全部。

# 1

---

# 令人恐懼的失憶症和不自知的健忘

　　每年的 9 月 21 日是世界阿茲海默症日。這個念起來有點拗口的名詞代表一種疾病，我認識這種疾病是從家裡已經過世的兩位老人開始的，但給我的認知帶來風暴般戰慄的是一部英國電影《父親》（Father）[1]。憑藉這部電影，84 歲的英國演員安東尼・霍普金斯（Anthony Hopkins，1937—）梅開二度，於 2021 年再次贏得了奧斯卡最佳男主角獎，成為該獎歷史上年齡最大的得主。霍普金斯在影片中飾演一名因身患阿茲海默症而逐漸失憶的老人——安

---

1：本書內相關之作者名、專有名詞與其他影劇名稱、人物名等等，使用繁體通用或常見之譯名。

東尼。因為他的記憶快速變得雜亂、荒蕪，這位父親在日
常生活裡也不斷迷失、錯亂，導致了與他相處的親人痛苦
不堪。影片的最後十分催淚，在養老院的房間，他剛剛起
床，看護進來幫他整理床鋪。這時候的安東尼已經完全不
記得自己有個女兒在巴黎，儘管她還常常來探望他；他也
不記得每天照顧他的看護是誰，甚至不記得自己的名字。
在片尾的對話中，他泣不成聲，尤其令人心碎的是，這位
風燭老人想起了自己的母親，希望他的母親能來看他並把
他接走：

> 「嗯，我……我又是誰？」
> ──你？你是安東尼。
> 「安東尼？」
> ──對。
> 「安東尼，這名字真好聽……妳不覺得嗎？」
> ──非常好聽的名字。
> 「我媽媽取的名，妳認識她嗎？」
> ──誰？
> 「我母親。」
> ──不認識。

「她有……她有雙大眼睛。我現在能看到她的臉。她……我希望她有空會來看我。」

「我要媽咪，我要我的媽咪。我要離開這裡。請、請妳叫人接我出去。」（見圖 1-1）

圖 1-1 電影《父親》

人窮返本。失憶的老人彷彿又回到了自己嬰幼兒的時候，他記得的只有自己的媽媽。他和初生的嬰幼兒一樣，

不知道自己的名字和身分。但他又和嬰兒背向而行，新生
的孩子在家人的陪伴下不斷地獲得新的記憶，而患了阿茲
海默症的老人卻在不斷地失去記憶。

　　一個人所有的經歷，最終都會轉變成記憶。如果沒有
記憶，人就會變成一張可怕的白紙。雖然少數動物也有記
憶的能力，但只有人類能夠在自己想要回憶的時候隨時就
可以回憶。一覺醒來，人仍然能夠認識他自己，保持自己
的身分、原有的經驗、知識的連續性，就是因為記憶具有
連續性。這種機制是人類特有的。如果人的記憶不能保持
連續性，就會不知道自己是誰，就不是正常的人，生活就
無法繼續，簡單地說，是記憶定義並維繫了我們的角色和
存在。

　　和動物相比，人不僅有連續的記憶，人還會思考，思
考是人類區別於動物的根本特徵。但記憶是思考的基礎，
為思考提供素材。如果沒有記憶，人類的邏輯推理就沒有
了載體，無從談起，就像學會了走路，但卻沒有了大地。

　　記憶還和人類的感情緊密相關。我的女兒今年 16 歲，
幸運的是，從她出生起我們家就擁有數位相機，拍下了大
量的照片和影片。一天晚上，我和太太不經意打開了保存

她影片的資料夾，看到她小時候的臉龐和衣裳，聽到她稚嫩的聲音或叫喚或歌唱，我們禁不住點開一個又一個的影片。看著影片中的她捧著玩具手舞足蹈、在我們熟悉的舊公寓裡跳躍奔跑，我和太太雙眼緊盯螢幕，沉浸在不斷的回憶中，如癡如醉。一個小時很快過去了，我們四目相對，心潮澎湃，那一瞬間我意識到，人的記憶是人生活在這個世間的「真實意義」，正是不同的記憶構成了我們獨特的人生，它將世界上千千萬萬的人區別開來。記憶是一張網，一個小的細節可能觸發潮水般的回憶，共同的記憶是人和人之間情感交流的來源。

失去記憶意味著將失去思考的能力和有效的情感交流，這個後果令我們不寒而慄。

在 65 歲以上的人群中，有 6% 左右的老人患有阿茲海默症；到 80 歲以上，這個比例上升到 30% 以上。這個病的比例雖然不是最高，但在歐美社會，阿茲海默症已經成為耗費社會資源最多的一種疾病，原因就在於：病人會失去獨立行動的能力，需要全職的照護，政府不堪其重。2022 年 10 月，就是因為阿茲海默症，美國的加利福尼亞州、華盛頓州率先對沒有購買長期護理保險的人群徵稅，

據報道美國有 13 個州都在辯論是否推行類似的法案。新近研究表明，患阿茲海默症的風險不僅限於老年人，實際上，一些症狀也可能出現在一位中年人身上，或者說潛伏其身。醫療界已經分別在 30 歲、40 歲、50 歲不同年齡段的人群中發現了阿茲海默症的患者，而且束手無策，至今都沒有找到有效的治療方法。

這提醒我們，關注自己大腦的健康，從 20 歲開始也不嫌早。但問題是，我們個人能做些什麼呢？

阿茲海默症會侵襲、剝奪人的記憶，這個疾病帶來的症狀如此明顯、殘酷、恐怖。但事實上，即使沒有疾病，幾乎所有的人，每天都在遺忘，這是一個自然的生理過程，也可以說健忘是人的天性，只不過這個過程比較緩慢，而且是一點一點地逐漸忘記。這看似對我們日常生活的影響不太明顯，我們也無可奈何，只能習慣性選擇忽視。

圖 1-2 是著名的遺忘曲線。它是德國心理學家赫爾曼・艾賓浩斯（Hermann Ebbinghaus，1850—1909）發現和總結的，艾賓浩斯設計了一套嚴格的方法來測量記憶，後人根據他的實驗結果繪製了這條遺忘曲線。你可以看到：

20 分鐘後，大約有 42% 學習過的內容被遺忘掉；

1 小時後，大約有 56% 被遺忘掉；

1 天後，大約有 66% 被遺忘掉；

1 週後，大約有 77% 被遺忘掉；

1 個月後，大約有 79% 被遺忘掉，只有 21% 被記住！

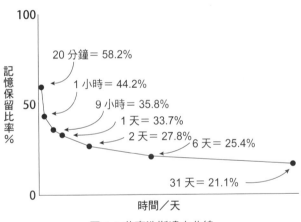

圖 1-2 艾賓浩斯遺忘曲線

　　這條曲線表明，人最終會忘記他自己學習、經歷過的絕大部分內容。遺忘的過程就像一支射出去的箭，先快後慢，在落地的時候，完全停了下來。德國大文豪歌德（Goethe，1749—1832）在老年的時候經常認不出自己過

去寫的東西，他說：

我老是不停地寫下去，就把自己寫出的東西忘記了……我的有些作品已經完全與我陌生，它們就像一張蛇蛻下的皮，留在了路邊。

美國作家拉爾夫・沃爾多・愛默生（Ralph Waldo Emerson，1803—1882）晚年也認不出自己的作品，他讀到自己早期的作品卻認為是別人的，並且感嘆說：「我不知道這個作者是誰，但他無疑非常了不起。」

艾賓浩斯的實驗其實針對的不是老年人，而是年輕人。年輕人也健忘，而且隨著年齡增長，健忘更加突出，但這是一個緩慢的過程，一般人意識不到，就像無知的人難以意識到自己的無知一樣，健忘的人也難以發現自己健忘。相反，絕大部分年輕人都有一種錯覺，認為自己的記憶力要高於身邊人的平均水準——這在統計學上當然是完全不可能的。今天有很多網絡服務公司正是靠大眾的這一錯覺來拉升每個月的收益。這些網站推出收費的訂閱服務，它提供一段時間免費讓消費者試用，但只要一過免費

試用期就會自動從消費者的帳戶裡扣錢。正是因為人們普遍對自己的記憶過度自信，很多人在免費試用期結束時忘記取消訂閱，而不得不支付費用。

我曾經在書本裡發現夾著的數張百元大鈔，但就是想不起是什麼時候放進去的；我也常常在商場的停車場裡碰到有人一臉焦慮、找不到自己停車的位置，他們大部分都是年輕人；更多的時候，我們在社交場合叫不出別人的名字，那些人我們曾見過 1、2 次面；我們家每次清理冰箱的時候，都會發現很多意外的食物，直到看到才想起來我們曾經買過這個，但一直忘記了吃。養狗的人會有一個經驗，就是經常會在家裡的沙發、床底下發現一些食物。狗在有吃的時候會想著沒吃的時候，牠會把食物貯藏起來，這是一個好的習慣，但是牠們藏過就忘記了，食物會在那裡變質腐敗，直到主人發現。

在健忘方面，我們和動物其實很相似，一樣的無助。

# 2

## 網路不是好的思考工具

人類有兩大主罪，所有過錯均從其中衍生，那就是：
缺乏耐心和漫不經心。

——卡夫卡（Franz Kafka，1883－1924）

2006 年 8 月，我剛到美國留學。當我第一次收到紙本版的《紐約時報》時，我發現這份報紙每天竟然有 100 個左右的版面，考慮到其版面的大小，這相當於一本 300 多頁的書。一天的報紙還沒看完，第二天一早新的報紙又送到了，有誰能看得過來呢？

　　現在是 2023 年。有人統計了過去 50 年的《紐約時報》，它總共有 30 億個單詞，但令人驚嘆的是，今天推特上僅僅一天產生的新訊息量，就有 80 億個單詞──這相當於《紐約時報》160 多年產生的訊息量。2012 年，中國的微博曾經公布，該平台上一天新增 1.17 億條微博，以一條微博 100 個詞彙計算，其詞彙總量大約為 117 億，比推特還要多一點。

　　資訊已經爆炸。今天網絡上一天之內產生的資訊，任何個人用一生的時間都無法讀完。雖然這場資訊革命的起點可以追溯到 1946 年計算機的發明，但真正的爆炸發生在社交媒體和智慧型手機出現之後。第一個大規模的社交平台 Facebook 成立於 2004 年，第一臺具有劃時代意義的智慧型手機由蘋果公司於 2007 年推出。從這以後，全世界每位智慧型手機用戶都開始擁有了一個新的身分：數據的生產者，他們可以隨時隨地記錄自己的行為和想法，然後發布出去，讓別人看到，別人又可以評論、轉發。這導致了 21 世紀的第一個 10 年發生了人類歷史上前所未有的數據爆炸，人類從此邁進了一個「大數據」時代。

　　**數據不是一切，但一切都在變成數據。**

除了資訊爆炸，網路特有的結構還把我們帶進了一個又一個的黑洞。為什麼這麼說？今天網路上的資訊，是按照超文字連結（Hypertext Link）的形式來組織的，幾乎每一篇文本都帶有多個連結。你只要點擊顯示突出的文本（或帶有下劃線的文本），眨眼之間就會被帶到另一個文本，一個連結指向一個新的文本，新的文本可能又帶有新的連結——這叫「延異」。異就是新的、不同的物質，「延異」的意思就是不斷延伸的新物質，即每一句解釋都可能帶有新的概念，這些概念很可能又需要新的解釋，隨之又產生了新的連結，如此循環。網路上的延異就像一條沒有終點的射線。

我們的大腦很喜歡延異。只需要不斷輕輕點擊、跳轉，不用付出任何額外的努力，每個連結都會讓你發現新的東西。就像在海上衝浪一樣，大腦會不斷接收到新資訊帶來的新奇、趣味和刺激，以及占有大量資訊的滿足感和成就感。很多人認為這是一件大好事，透過連結式的延異，我們可以快速地追根溯源，獲得大量的資訊，釐清知識發展的邏輯，認識到知識的全景。現實也已經證明，無數的人沉迷網絡，甚至上癮。

　　但不斷的延異有個潛在的問題：只要連續點擊 3、4 個連結，我們看到的資訊就可能和最初閱讀的主題風馬牛不相及了，如果我們隨手關閉一個中間讀過的視窗，那我們可能會突然發現自己糊塗了。我現在是在看什麼？我怎麼讀到了這裡？我從何而來？我為何而來？我們突然發現，我們好像迷路了，必須停下來花點時間，回顧一下自己的初心。

　　延異的本質是發散，但人類大腦如果需要思考，則必須聚焦和收斂。我們頭上的這顆大腦，能力非常有限，當它要汲取新的東西，它用的不是消防栓，而是吸管，必須一點一點地啜取。當新的資訊像潮水一樣衝擊我們大腦的時候，我們很容易就暈了，根本不能逐一記住看過的東西，所有的東西都只能留下淺淺的印象。過了一段時間之後，我們即使再看到同樣的資訊，只會模糊地記得這個資訊我看過。因為看過，於是不想再看，永遠止步於專注、深入、記憶和思考。

　　是什麼決定了我們記得什麼和忘記什麼？美國學者艾力克‧肯德爾（Eric R. Kandel，1929—）畢生致力於研究記憶，於 2000 年獲得了諾貝爾生理學或醫學獎。他認為，

注意力是形成清晰記憶的關鍵，大腦是透過關聯性來保存記憶的，這個過程需要高度的專注。

在他的《追尋記憶的痕跡》（中國輕工業出版，2007）[2]一書中，肯德爾寫道，如果要大腦牢牢記住，就「必須對輸入的資訊進行深入分析，這是透過關注資訊並以系統和有意義的方式將其與已經牢牢紮根於記憶中的知識連結起來的方式來實現的」。而當我們不注意一個想法或體驗時，大腦的神經細胞會在幾秒鐘內失去興奮狀態，記憶就會從腦海中逃逸，只留下輕微淡泊的痕跡。

這就是問題。延異就像一個又一個的黑洞，分散了我們本來就應該聚焦的有限的注意力。今天的網路讓我們看到的愈來愈多，但真正記得的卻愈來愈少！我常常聽到朋友皺著眉頭抱怨，他在手機上刷了 2 個小時的短影片，放下手機之後發現自己根本不記得看了什麼。愈來愈多的人正在不斷產生、經歷這種感覺，在網上讀了很多的東西，但又像什麼也沒讀過。按照肯德爾的理論，我們不難發

---

2：為方便讀者查找，本書所提及的參考書目都以繁體版為主。唯作者引用特定翻譯版本，則保留該版本資訊。若該書未有繁體版，則提供簡體版資訊參考。

現，就獲取新的資訊而言，網路是一個很好的工具，但它層層拓展、無窮無盡的鏈式結構決定了：**網路絕對不是一個好的記憶工具，更不是一個好的思考工具。**

即使和傳統的書籍相比，網路也是一個更差的記憶和思考工具，更差！原因就在於，書籍有一個聚焦的主題，它帶領我們深入，但網路延異的方向是四面八方的，雖然有的連結加深了深度，但大多數沒有，只是一個橫向的擴展。我們幾乎每天都要使用網路，我的建議是，當我們上網的時候，我們一定要記住那個著名的寓言：猴子把手伸進了餅乾瓶，抓住了一大把的餅乾，但手卻被卡住了，手和餅乾都拿不出來。網路是一個資訊富足的地方，當我們看到大量有用的資訊時，我們的第一反應是興奮，我們想多拿一點。但當我們拿得太多，我們肯定就會忽視消化和吸收，那學習的行為最後就會變成無意義的瀏覽和注意力的消耗。就好像我們去商場體驗新的商品，如果我們一次體驗太多，那體驗感就消失了，無所謂體驗，我們的大腦會因此變得麻木，我們反而記不住任何東西。

當然，面對一個這樣的結論，有人會提出一個新的質疑：我們為什麼要把一切事情都記住呢？今天，幾乎任何

一個知識性的問題，我們掏出手機——搜尋就可能會找到答案。既然搜尋這麼強大，那我們為什麼還要記憶呢？未來的技術還將更加智慧、快捷。例如，我們可以透過聲音和圖片來搜尋，馬上就找到自己要找的答案。手機不好用嗎？網路不香嗎？難道我們不能把更多的記憶外包給網路嗎？它就是我們人類的數位記憶庫啊！

我們必須承認，手機已經有效承接了大腦的一部分記憶功能。今天，我們大部分人已經可以不在大腦裡記憶電話號碼，甚至身邊親人的號碼也不用記，我們只需要對手機喊出「老婆」，它會自動撥出她的號碼。同樣，我們也不需要記路，只要輸入一個地址，蘋果、谷歌都會一步一步引導我們，指示我們到達預定的地點。如果說，大腦屬於身體內部的生物記憶，而網路是一個可以藉助的外部記憶庫，那問題很快會轉變為：

今天我們的生物大腦應該記什麼？

外部記憶又應該記什麼？

它們之間可不可以有個平衡？

我們又如何找到這個平衡？

　　我們必須回答這些問題。從阿茲海默症到人們日常的健忘，人類已經深刻地認識到，我們是一種有限的生物，特別是大腦的能力有限。自從進化成智人以後，上萬年以來，我們的大腦就沒有什麼變化，但面對今天龐大的資訊爆炸，時代又要求我們掌握、處理更多的資訊，現代人感到壓力、困難、無助和彷徨。我們必須藉助外部的工具。

　　本書將提出一個新的解決方案：第二大腦。相比於這個新的方案，我可以肯定地說，網路不是一個好的記憶工具，也不是一個好的思考工具。雖然搜尋的技術還將變得更加智慧和方便，但資訊在持續爆炸，這種資訊資源的豐富性是一把雙刃劍，它會令我們重新尋找我們讀過的資訊變得更加困難。如果我們把記憶大面積地外包給網路，指望什麼資訊都上網去搜，那既不專業，也不現實。就像讀一本書，通篇都是不認識的字，個個都要去查字典，那是讀不下去的。

　　今天已經是一個澈底的資訊時代。所謂「澈底」，就是幾乎做任何事，包括交朋友、談戀愛、學習新技能、完成新項目、尋找新機遇、提高生活質量，都離不開資訊。資訊的搜尋、管理和使用，決定了一個人一生的發展。人

們甚至在潛意識裡都已經默認，**我們會度過怎樣的一生，取決於我們會獲得什麼樣的訊息。**

本書主張，在這個澈底的訊息時代，**我們個人的發展不要依靠網路，而要依靠第二大腦**。第二大腦不是網路，網路是屬於所有人的，第二大腦是獨特的，是屬於每個人自己的。它比網路更貼近人類大腦功能的應用，它將和我們的生物大腦配合在一起幫助我們記憶和思考，就像我們生物大腦的拐杖。從某種意義上來說，未來它會成為附屬於我們人體的一個「器官」。

作為新技術發展帶來的最新成果，第二大腦會成為所有人必然的工具選擇。它就是人類處理生物記憶和外部記憶的新平衡點。它將幫助每一個在數位浪潮中掙扎、想要找到自我、找到怡然自得的工具和方法的人，而且它也將成為應對失憶症和健忘症的一個解藥。

## 3

# 什麼是第二大腦

第一大腦，當然指的就是我們頭頂的生物大腦。第二大腦，指的是我們利用資訊技術的最新成果建立的一個外部大腦。顯然，按照我們前面的探討，這個外部大腦首先要有記憶的功能，我們把一些來自第一大腦的記憶依附、沉澱在這個外部框架的上面，以彌補我們第一大腦的侷限和不足，所以第二大腦首先是一個數位化的記憶體。其次，大腦的主要功能是思考，第二大腦必須具備和第一大腦共同展開思考的能力，或者說，它必須能夠輔助第一大腦思考。

事實上，我在給這本書命名的時候，猶豫了很久，該

不該叫「第一大腦」，因為按照我的判斷和展望，我們要
建立的這個外部大腦，隨著可預見的技術進步，在人的一
生中會逐漸發揮愈來愈重大的作用。人類與動物的最大區
別在於，人會思考。我們將會看到，未來一個人最好的想
法、靈感、創新可能更多的來自第二大腦。

　　我們每個人要做的事，更多的是向第二大腦尋求幫
助，或者說讓第二大腦和第一大腦一起工作，然後把求助
的結果以命令的方式傳達給我們的身體。在人類思考這個
最具標誌意義的活動中，第二大腦將會發揮更大的作用，
甚至成為核心。第一大腦僅僅是輔助，所以到最後，它們
的位置會因為作用而發生互換，我們要建立的第二大腦才
是真正的「第一大腦」。

　　這聽起來好像不可能，是一種錯置，但這種錯置正是
我從使用第二大腦的過程中獲得的真實感受。或者說，第
二大腦和第一大腦是一對平行大腦，至少同等重要。

　　但此刻，為了講述的方便，也考慮到在時間順序上我
們的生物大腦已經先於第二大腦存在，我們還是按照先來
後到，把這個新建的外部大腦稱為「第二大腦」，把與生
俱來的生物大腦稱為「第一大腦」。

那究竟什麼是第二大腦呢？

首先，第二大腦是第一大腦的複製體。建立第二大腦要做的第一件事，是要去複製、備份第一大腦思考經歷過的所有事情。我們要去構建一個外部數位記憶體，該記憶體可以記錄、保存、組織、檢索你大腦中任何有意義的想法、你看到的任何有價值的資訊、你正在實施的所有計劃和項目、你獲得的所有啟發和收穫等。

如前文所述，它不是整個網路。網路屬於整個人類，第二大腦是一個介於你和網路之間的東西，它是屬於你自己的、獨特的、個人化的數位記憶庫。你肯定用過串流音樂，你可以把自己喜歡的歌曲保存下來，創建自己獨特的歌單和數據庫。你的歌單可以有很多個，可以一個是通俗歌曲，另一個是交響樂，還有一個是英文歌曲等。透過創建這樣的歌單，我們就可以隨時播放我們想聽的音樂，而不必在想聽的時候再去搜尋尋找。第二大腦要做的，就是把你第一大腦經歷過的事情、值得記住的資訊全面地保存下來，然後做分類處理，以便在你需要使用的時候，只需搜尋第二大腦，而不用藉助我們以前使用過的筆記本，也不用藉助網路等任何的外部資源。

從這個角度上來看，第二大腦是你生物大腦的鏡像，也可以叫它孿生大腦、復腦、副腦。它所執行的功能，是你生物大腦的記錄者，是你所有個人資訊的管理者，既可以保存資訊，也可以檢索資訊。就此而言，第二大腦有點像你為自己建立一個個人專用的數位圖書館，並且你還擁有一個量身定製的、個人化的搜尋引擎。記住，記憶庫和搜尋引擎同等重要，就像圖書館和它的檢索系統一樣。

但又不僅僅是這樣，真正的第二大腦不僅是你生理大腦的一個複製品、副本，更是它的補充和延伸。「補充和延伸」當然不同於「複製」，複製好比一對雙胞胎兄弟或雙胞胎姐妹，補充和延伸更像一對互相配合的男女、丈夫和妻子、左手和右手。它們是一半和另一半的關係，互相支撐合作，既承擔相同的功能，有交叉，也承擔不同的功能，有互補。

大哲學家馬歇爾・麥克魯漢（Marshall McLuhan，1911—1980）說，所有技術都是人的延伸。例如，望遠鏡是眼睛的延伸，汽車是雙腳的延伸，飛機是翅膀的延伸。從哲學意識上來說，人本身就是不完整的、殘缺的，要依賴於後天的補足，怎麼補足？就靠工具和技術。我認為，

大腦也是這樣。今天我們要像發明望遠鏡、自行車和汽車一樣，給大腦發明一個延伸體——「第二大腦」，這是人類歷史上的第一次，當第一大腦和第二大腦，即人機配合在一起工作的時候，我們就擁有了一個增強大腦。那第二大腦能提供什麼不同的功能？

**第一，第一大腦的記憶是有限的，但第二大腦可以提供更大的記憶容量。**

人類與生俱來的大腦是個奇蹟，有很多能力，但這個大腦的能力也是有限的。即使是一個健康的大腦，也無法保存一個人看到、聽到的所有資訊，它只能保存部分，而且支離破碎，更不用說我們的大腦還面臨著衰老、病變和爆炸性的訊息過載。隨著愈來愈多的人研究大腦，我們開始了解大腦可以存儲多少資訊。人類大腦由大約 10 億個神經元組成，每個神經元可以與其他 1,000 個神經元形成連結，所以總共有 10,000 多億個連結。

如果每個神經元連結只能存儲 1 個單位的記憶，那麼很明顯，我們的記憶能力是有限的，大腦會產生空間不足的問題，那 10,000 多億個存儲單元究竟能保存多少東西？我們現在還說不清楚。但我們知道，我們記得的東西其實

很少。

現在你坐下來，回憶一下你昨天經歷的事情。大概只需要 10 分鐘，你就回憶完了。我們還可以用語言把昨天發生的事情講一遍，要知道陳述會幫助我們回憶。這可能又需要 10 分鐘，你也說完了。前後總共 20 分鐘。也就是說 20 分鐘，我們就把昨天一整天的活動回憶完了。除去一天 8 小時的睡眠時間，這樣一算，也就是我們用 20 分鐘就可以回憶一天 16 小時的活動，記憶是對現實進行的一次壓縮，其縮減比例是 48：1，相當於我們把昨天 98% 的時刻都忘記了，只記住了 2%。

你可能會說，我需要更多的時間回憶，但可以肯定的是，我們回憶一下昨天一天做了些什麼事，絕對不需要花費整整一天的時間。之所以這樣，是因為我們的生物大腦對過去的經歷做了剪輯，雖然我們幾乎每時每刻都在看到不同的景象、聽到新的聲音，大腦裡會不斷湧起新的念頭，但大腦就像一把剪刀、一個篩子或者漏斗，我們記住的僅僅是大腦剪輯之後留下的印象。

我們不得不承認，我們頭上頂著的這個大腦是非常粗糙的。但我們為什麼只能記得這麼少呢？

　　答案可能會令你感到意外，因為認知學家告訴我們，遺忘可能是我們自己對大腦的一種保護！所羅門‧舍雷舍夫斯基（Solomon Shereshevsky，1886－1958）是 20 世紀全球最有名的記憶大師，他的記憶力驚人，在一個實驗中，70 個單詞連續念出，他只要聽過一次，就能背誦出來；他可以從前往後複述，也可以從後往前倒著複述。他甚至可以一字不差地複述幾年前某次會議上每一位同事說過的每一句話。雖然他能記住很多東西，但是他也很難忘記一些東西，在任何時刻，他只要看到一點景象、聽到一點聲音，這些新的資訊就會成為線索，大量細枝末節的事情就會不受控制地浮現在他的腦海裡。有時候，他只是想去店裡買一個冰淇淋，但一些店家不經意的話語就會觸發他大量的聯想和記憶，他的感情一下子難以控制，會迫使他放棄購買，離開商店。

　　我也有過類似的經歷，有時候只是一杯茶的香味，突然會把我帶回到多年前的某個時刻，我會想起一位親人或者朋友，我們在一起喝茶，我甚至能回想起自己坐在哪裡，她坐在哪裡，那天吃了什麼，穿的又是什麼衣服，以及當時談話的姿態和表情。這一切好像都是那杯茶特殊的

味道帶來的。還有一天的中午，我在家裡客廳的沙發上睡了一個小覺，可能是女兒從樓上下來喝水或者拿東西，我模模糊糊聽到一陣窸窸窣窣的聲音。這個普通的聲音突然把我帶回到童年，那是我小時候經常發生的場景，我在房間裡睡覺，聽到客廳裡傳過來輕微的聲音，那是母親在做事。這似曾相識的聲音打開了我童年記憶的窗口，令我陷入了長時間的回憶和沉思。

無論是誰，當我們經歷這樣的一個瞬間，都很容易會為記憶而感動，甚至不能自已。對一個普通人來說，如果他能記住一切，那這樣的場景就可能會時時刻刻出現，那就不會是美好了，生活就會變得令人難以承受，好的記憶就變成了沉重的負擔。

而第二大腦容量可以很大，而且管理有序。如果把人腦比作一臺計算機，有了第二大腦之後，我們可以把第一大腦比作「內存」，而第二大腦是「外存」，內存可以不大，它只需要承擔一小部分記憶功能，而把大部分注意力專注於運算，即思考和解決問題；而位於第二大腦的外存，理論上可以無限大，當需要的時候，它快速找到相關的記憶，再調入第一大腦的內存進行處理。

　　第二大腦有重大的儲存功能，這也有助於減輕我們第一大腦的負擔，保護我們生物大腦的健康。人類目前對於阿茲海默症有效的治療方法很少，如果把第二大腦建設好，就像給一個逐漸失去能力的生物大腦配上了一個拐杖，達到支撐、延長第一大腦壽命和能力的作用，這是一種預防，也是對抗阿茲海默症的一個有效工具。想像一下，當你可以從第二大腦中找到做每件事的步驟，就好像你的手裡永遠拿著一張小紙條，上面寫明了第一步、第二步、第三步；也像你開車的時候，導航提醒你每一個拐彎和分岔，你只要有了這個短期的記憶，就能應付日常的生活，就不怕失去長期的記憶。就此而言，第二大腦的出現可以成為人類治療阿茲海默症的一個新方向。

　　據說金魚的記憶只有 5 秒，5 秒之後牠就不會記得之前的事情了，相同的一切又都會變成嶄新的開始。如果記得自己來過，興趣就會大大降低。所以，在那一方小小的魚缸裡面，金魚永遠都會興致勃勃，永遠都不會覺得無聊。設想一下，如果人的記憶時間延長一點、範圍變大一點，是不是人類就會擁有完全不同的體驗和發現呢？如果人類的第二大腦可以保存更多的資訊，還可以快速找到它

們，我相信，我們的人生將會呈現重大的不同。

**第二，第一大腦的記憶是高度主觀的、不可靠的，而第二大腦的記憶是高度客觀的、穩定的。**

我們前面說過，雖然我們還不能完全解讀人類大腦的工作原理，但人類已經發現，第一大腦在記憶某件事情的時候，它記憶的只是一些片段，或者說是鏡頭、場景。我們的生活就像一部電影，它是連續的、動態的，但我們的印象是離散的、片段的、靜態的。不僅如此，這些保存下來的印象，就像刻痕一樣，有的深有的淺。深的印象就像是刻在大理石上，擦不掉；淺的就像是刻在泥上、沙上，甚至冰上，很容易模糊、消失。

當我們要回憶的時候，大腦會首先湧現出一些最新的、印象最深的片段，在意識對它們進行辨別之後，才能確認提取的印象是否正確，每一次回憶，並不是像電腦播放同一段影片，而是根據一些相關的事實，重新對記憶進行編排和整合，然後又保存起來。可以說，每一次回憶都是對記憶的微妙調整和扭曲。事實上，人類的記憶是一個逐漸失真的過程，有時候甚至會發生突變，但人類全然不知，一直誤以為這是一份高度真實的記錄。

　　而第二大腦呢？第二大腦和計算機一樣，是靠一系列微電子器件的開啟或關閉來保存數據的，是靠編碼來檢索的，無論什麼資料，只要它和其他資料有一個字元的不同，也能被發現、確認，並提取出來。它就像高傳真的錄影帶，無論什麼時候播放，它都能保持原樣，不會發生任何變化。

　　和第二大腦相比，第一大腦不會像計算機一樣編碼，所以我們的生物大腦保存、檢索資訊的能力都很差。舍雷舍夫斯基雖然記憶力超強，但他卻坦言他無法記住人臉，他解釋說原因就是人臉的特徵很難被編碼。我也曾請教當代中國的記憶大師王峯，他給出了同樣的答案。王峯在比賽現場曾經創造了聽記數字 300 個的世界紀錄，他說：

　　數字和詞語之所以能夠被精準地記憶，是因為數字是由 0—9 這 10 個數字的排列組合，詞語也是由常見的字組成，人腦很容易對數字和詞語的特點進行「編碼」。

　　但人臉的特徵有無限種可能，而我們很難對人臉的特徵進行「編碼」。比如我們只能說這個人的臉比較大（臉

型）、眼睛比較大（眼型）、有雙眼皮、嘴唇比較厚（嘴型）等，但大和厚都是相對的。無法編碼就給記憶和識別帶來了無法克服的困難。

第一大腦對日期也不敏感。日期是時間序列上的編碼。我們常常能記住一件事，但記不住這件事發生的具體日期，就是因為我們的第一大腦不會給每一段記憶都標明日期，當記憶的場景多了以後，人類就必須透過思考才能給記憶排出正確的順序。

總的來說，第一大腦的生物記憶是片段的、主觀的、寫意的、不完整的、帶有情感色彩的，會自我過濾、自我變形，它的出錯是在所難免的，而且我們大部分人大部分時候都會低估這種錯誤的普遍性和嚴重性。而相比之下，第二大腦的數位記憶則是完全記錄事實的、全面的，沒有任何假想和偏差，是客觀的、冷靜的、高度準確的。

如果把人腦比作一臺計算機，那這臺計算機的頻寬很窄、內存不大，很不穩定，而且 CPU 也轉得很慢，完全就是一臺邋遢的貨色。

第三，第二大腦將比第一大腦更容易產生創意，它和

第一大腦配合，人機協作在思考方面會產生「1+1>2」的效應。

要產生新的創意，就意味著一個想法必須和其他的想法進行交叉和連結。創新大師史蒂夫・賈伯斯（Steve Jobs，1955—2011）曾經說過：

創新只是將事物連結起來，這個連結愈是意想不到，創造出來的東西就可能愈有意思。

要做到這一點，首先要擁有一個不同的想法可以在其中匯聚、碰撞、重新連結、組合的網絡。第二大腦就是一個這樣的網絡。我們的第一大腦確實也有很多的想法，但它們位於大腦的不同位置，很難有效連結。在第二大腦中，在所有想法變成記錄之後，我們可以透過軟體和演算法幫助我們在想法之間逐一建立連結。

這種演算法能檢測到文本之間、不同的資訊之間存在的微妙的語義連結，還可以告訴你這些想法之間關聯的強度是強還是弱、是大還是小。第二大腦可以向我們展示一切可能的連結，並且讓我們以圖譜的形式瀏覽相關的連

結，這些連結的新想法是否有價值，可以交由第一大腦最後來判斷。也可以說，發現有價值的新連結是第一大腦和第二大腦，即人機協作共同合作的結果，這是 2 個完全不同的智慧體之間的合作。第一大腦是碳基的組成物，第二大腦是矽基的組成物。它們的合作是一種配合，只要我們把第二大腦建設好，其效果就會令人驚嘆。

本書後續將專門討論第二大腦是如何幫助我們創新的話題。在我使用第二大腦的實踐中，我必須承認的是，很多時候如果沒有第二大腦的幫助，我完全沒有自信會發現那些我已有的和新發現的想法之間的潛在關係和連結。

我們前面談到過，當人在思考、分析和決策時，我們大腦的有限性決定了我們只能提取大腦中最新、印象最深的記憶，如果有了第二大腦，人機協作就可能克服這種侷限性。第二大腦可以把新和舊、遠和近、間接和直接相關的，對思考和決策有參考價值的資訊全部呈現在一張畫布之上。這中間的區別，就好像一個天文學家只能看到地球、太陽和月亮，而另一個天文學家可以看到整個太陽系，甚至銀河系，誰能得出更正確的結論，當然不言而喻。

因為以上這些不同，第二大腦可以提供很多第一大腦

無法提供的功能，這些令人驚訝的功能我們會在後文一一展開。本書的目標是指導你建設一個和你的第一大腦配合的第二大腦，也就是說第二大腦最終要和第一大腦合二為一、人機協作配合工作，就像一根棍子從中間斷了，但它斷裂的兩端仍然能夠無縫對接起來一樣。

回望人類記憶和思考的歷史，從人類發明文字、進入文明時代之後，人在進行思考的時候，從來不是赤手空拳的，也從來不是被孤立在一個與外界隔離的內心世界，而是時時向外求助。在過去，可能求助最多的、最貼身的工具就是自己的筆記本，手握筆記本的人與筆記本構成一個整體，一起思考。未來的第二大腦，將會比筆記本更加貼近於人。它的能力，筆記本望塵莫及，它在雲端、在手機裡，可以隨時隨地打開。一開始它是人的工具，但它逐漸會演變成人的「器官」，成為人的一部分，未來它將和人一起構成一個新的整體，一起思考。

第二大腦和第一大腦的配合，即人機協作，是一種親密關係的配合，打個比方，它就是我們隨時可以佩戴的眼鏡，而不是隨身攜帶的望遠鏡。我們在參加跑步比賽的時候可以戴眼鏡，但不能騎上自行車或者電動滑板。我的意

思是，未來，第二大腦會和眼鏡一樣，成為我們的一部
分，不管我們去哪裡、做什麼工作、參加什麼考試或者比
賽，我們都可以帶著它。之所以這麼肯定，是因為未來的
世界，人們比拼的一定不再是記憶力，而是思考力和創新
力，所有的考試都可能是開卷的，所有人都將會被允許帶
上自己的第二大腦。如果說第二大腦是人類的「外掛」，
那它將是我們最親密的「外掛」。

　　未來已來，人人要有第二大腦，這是我們個人生活領
域正在發生的一場革命。一個高效的、有用的，能和你自
己的第一大腦配合的第二大腦，可能需要你投入幾年甚至
十幾年的時間精心打造。想像一下，如果在不遠的明天，
如果人人都擁有一個這樣的第二大腦，而你沒有，那會怎
麼樣呢？

# 4

## 本書的目的與結構

　　最近 5 年，和第二大腦相關的一些技術有很大的進步和發展，但它的影響是不均衡的，所以可能你並沒有察覺。本書將聚焦這個新的技術發展和歷史機遇，在闡述新的理念和可能性的同時，也會指導你一步一步搭建你個人第二大腦的框架，完成第二大腦的初步建設，所以本書也是一本工具書。

　　建設第二大腦，可以幫助我們把短暫的人生過得更好、更有效率。這本書不僅能為你提供工具、方法和技巧，讓你的工作井井有條，還能為你指明方向、釐清思路、打理生活，讓創新更多更快地發生，助你通向成功和

幸福；此外，第二大腦還有一個更深層的價值，未來你可以把自己的第二大腦作為遺產轉移給你的後代或者指定的繼承人，他可能在你的第二大腦基礎上打造他的第二大腦，有些圖書館可能也會收藏你的第二大腦，這關係到家族的傳承和人類文明的永續。

本書第一章概述了第二大腦建立的背景、必要性和緊迫性，回答了第二大腦是什麼（What）和為什麼要建（Why）2個問題；第二、三章圍繞怎樣建（How）的核心任務，具體闡述第二大腦的建設過程。我按照人類生物大腦的2大功能：記憶和思考來組織這2個章節，將第二大腦的資訊塊、標籤、頁面、集群分別和人類生物大腦的神經元、突觸、反射區、神經中樞進行對照和類比，講述如何構建數位記憶體，打造多維、立體、複雜的神經元連結，讓第二大腦和第一大腦配合，展開高級的思考。

第二大腦的這些功能將幫助我們認識自我、確定自我，形成個人的知識圖譜和價值體系，推動我們產生創意和創新，在生活中創造成功；第四章會從宏觀的原則和方法出發，對在建設第二大腦過程中容易陷入的誤區、容易產生的錯覺、主要的障礙以及2種主要的方法論進行探

討，最後一章從數據遺產的角度，探討第二大腦對人類生活、家庭教育和文明傳承的影響，展望人機協作面臨的問題、趨勢和未來。在結語中我還分享了本書寫作的初衷和心路歷程。在開始講述第二大腦的具體知識和做法之前，我還有一點說明。目前，構建第二大腦還需要不止一個軟體，這些軟體還在開發和形成的過程中，但是核心的軟體已經出現了。這個「核心」的意思，是它已經可以完成第二大腦的核心功能，一些輔助功能可能還需要額外的軟體。例如，我一般不用我現在的第二大腦管理我的運動和健康，不是因為它沒有提供這個功能，而是它雖然可用，但有待成熟和完善。我完全相信，這僅僅是一個時間的問題，未來所有功能都會更加流暢和便捷地整合到一起。

關於構建第二大腦的核心軟體，你有很多選擇，它們是新一代的知識管理軟體，例如：Roam Research、Logseq、Obsidian、Mem 等。雖然這些軟體各異，但是它們的架構和功能是一致、相通的。其中，Logseq 是一個開源軟體，目前免費，所以我在本書很多地方會以 Logseq 這個平台舉例，但是本書講述的理念和知識也同樣適用於其他平台。

　　作為一個第二大腦的莫大受益者，我迫切地想把這些新的知識和工具分享給你。讓我們現在、立刻就開始這個激動人心、將會改變你整個人生的資訊工程之旅吧！

# 第二章

# 構建數位記憶體

　　透過深信一種還不存在的東西，我們
才可能把它創造出來。一種東西之所以不
存在，是因為我們對它的渴望還不夠深。

# 1

## 塊：第二大腦的神經元

我們前文講到，任何一種技術，都是人的某種延伸。反過來說，人的任何一種延伸，也是由一種或多種技術構成的。第二大腦是人類生物大腦的延伸，並不是隨意的、無關痛癢的皮毛增生，而是人的記憶、思考和學習——這些核心能力的延伸。

而所有的延伸，無論是望遠鏡、跑鞋、拐杖，還是滑板、汽車、飛機，都會具有一定的結構，就像所有的語言都具有一定的句式和語法一樣，這種結構都是人生理存在的外化，或者說外在的表達。第二大腦也不例外，它也有結構，因為第二大腦是我們第一大腦的延伸，所以我們將

以第一大腦的結構來進行類比。

　　第一大腦最小的結構是神經元。神經元，也叫腦細胞。人類的大腦有上千億個神經元，它們彼此連結，共同處理資訊。具體到一個特定的神經元，它有接收資訊的部分，這個部分叫樹突，一個神經元有多個樹突，但是，向外傳導資訊的管道只有一條，叫軸突。在軸突的尾端，有很多個末梢，它們和其他神經元的樹突連結，形成突觸，用以傳遞信號（如圖 2-1 所示）。這意味著，一個神經元可以接受多個神經元的資訊，這些資訊在經過處理之後再以統一的形式傳遞出去，也可以同時傳遞給多個神經元。

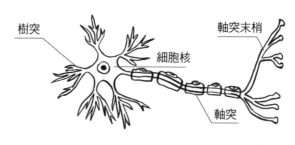

Drawn by Yi Tu

圖 2-1 樹突和軸突：神經元的結構
（繪圖：Yi Tu）

也就是說，輸入的信號可以有多路，各路信號的內容都可以不同，輸出的信號也可以有多路，但每一路的內容都相同。

第一大腦對事物和概念的記憶，不是儲存在某個單一的神經元，而是分布式地存在於一個龐大的神經元網絡裡。對單個事物的記憶，也不是藉助單個神經元一對一地獲得支持。例如，當我們聽到「白雲山」這個詞彙的時候，它可能涉及多個神經元，一個神經元代表顏色「白」，另一個神經元代表形狀「雲」，第三個神經元代表物體的類別「山」。在我們的資訊交流中，只有這3個神經元同時被啟動，我們才能準確地理解「白雲山」這個概念。

神經元的這個結構給了人類重大的啟發，第二大腦也是模仿神經元構造我們的記憶單元。

在第二大腦中，我們把一個神經元稱作「塊」。塊就是第二大腦的最小單位，一個塊，它可以是文字，也可以是數字，還可以是圖片、表格、影片、連結等，或者是以上要素的任意組合。

以 Logseq 為例，一打開 Logseq，你首先會看到「日

記」（Journal）的頁面。所謂日記頁面，就是某一天的記錄，這個記錄的內容，可以是你的想法、心得、計劃、行動，也可以是任何資訊的摘錄，它的單位就是「塊」，也可以說，頁面是由一個或多個塊組成的。

為簡單起見，我們現在以字元塊開始舉例說明。

你現在看到的是 2022 年 1 月 15 日我記錄的一個訊息塊（如圖 2-2 所示）。首先你看到的是，這個資訊分有 3 個層次，彼此之間有隸屬關係，我們可以叫它父塊、子塊和孫塊。

一條資訊過長的時候，我們可以將其拆分，下面的第二條資訊就是第一條資訊的子塊、第三條資訊又是第二條資訊的子塊，就像一個人可以有多個孩子，多個孫子一樣，一個塊可以有多個子塊，各個子塊還可以再有各自的子塊。為一條資訊設置子塊有很多原因，首要的原因是資訊之間存在天然的隸屬關係，第二個原因是隻有塊的大小合適，使用起來才會更加高效。我個人的經驗是最好把一個字元塊的大小限制在 200 個漢字以內。長的資訊就把它截斷，分成一些子塊。因為 200 個字不多不少，在計算機螢幕上大約是 5 行左右。這個數量讓我們可以一眼看過

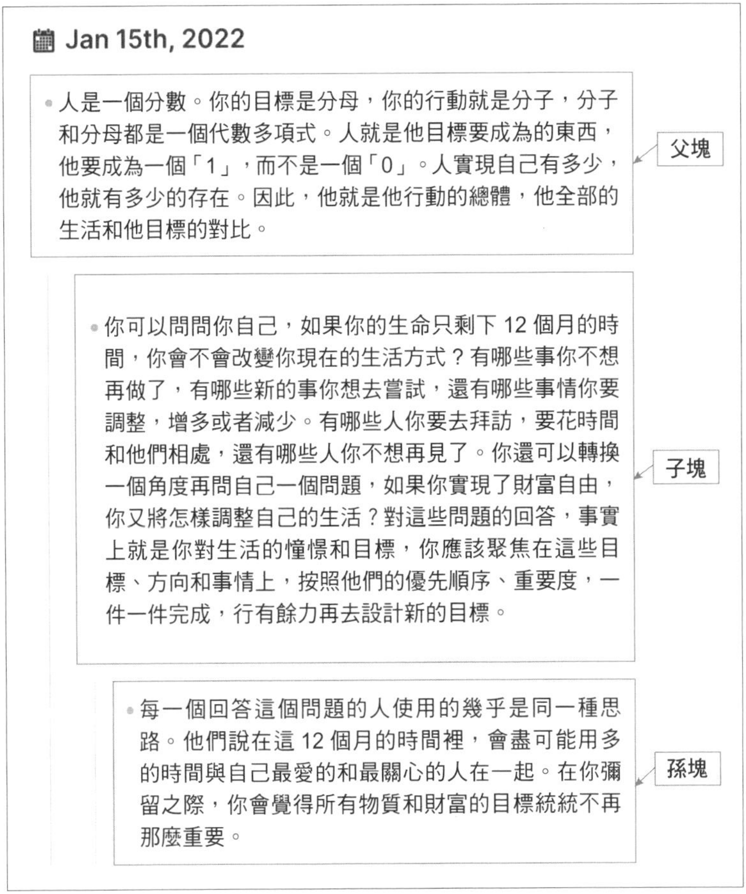

**📅 Jan 15th, 2022**

- 人是一個分數。你的目標是分母，你的行動就是分子，分子和分母都是一個代數多項式。人就是他目標要成為的東西，他要成為一個「1」，而不是一個「0」。人實現自己有多少，他就有多少的存在。因此，他就是他行動的總體，他全部的生活和他目標的對比。 ← 父塊

- 你可以問問你自己，如果你的生命只剩下 12 個月的時間，你會不會改變你現在的生活方式？有哪些事你不想再做了，有哪些新的事你想去嘗試，還有哪些事情你要調整，增多或者減少。有哪些人你要去拜訪，要花時間和他們相處，還有哪些人你不想再見了。你還可以轉換一個角度再問自己一個問題，如果你實現了財富自由，你又將怎樣調整自己的生活？對這些問題的回答，事實上就是你對生活的憧憬和目標，你應該聚焦在這些目標、方向和事情上，按照他們的優先順序、重要度，一件一件完成，行有餘力再去設計新的目標。 ← 子塊

- 每一個回答這個問題的人使用的幾乎是同一種思路。他們說在這 12 個月的時間裡，會盡可能用多的時間與自己最愛的和最關心的人在一起。在你彌留之際，你會覺得所有物質和財富的目標統統不再那麼重要。 ← 孫塊

圖 2-2 日誌中的一個資訊塊

去，立刻發現我們需要的資訊，就是可以用眼睛快速檢索
塊的內容。中國古代說的「一目十行」是誇張了，「一目
五行」還差不多。

我常常有這樣的經歷：記得在某個網頁看過一個有價
值的內容，當我想要找回它的時候，就要去網上搜尋，等
我好不容易透過多個關鍵詞找到那個網頁的時候，那個網
頁上的內容卻很多，但我需要的僅僅是那個頁面裡 1、2
句話，所以又不得不在頁面上繼續搜尋。如果我們設置的
「塊」大小合適，就可以在第二大腦中避免出現這種繁瑣
的過程。

為了了解一個訊息塊的性質，我們可調閱這個訊息塊
的詮釋資料。所謂詮釋資料，就是對一個數據進行說明的
數據，簡單地說，就是關於數據的數據。為了加深對父塊
和子塊的理解，這裡我們來調看圖 2-2 中子塊的詮釋資料。

我們有必要了解的第一個詮釋資料是「block/uuid」，
即它的塊號。當我們產生一個塊的時候，軟體平台就會為
這個塊自動產生一個編號，這個編號是固定不變的，也是
唯一的，就相當於身分證號碼。例如，下面這個號碼就是
我第二大腦中某個塊的編號：634c785e-8823-4607-a902-

3bd2b20d5e2a。這個編號當然遵循某個規則，如果你有興趣進一步研究，可以在軟體平台的手冊中找到說明，但現在我們只要知道這個編號的唯一性就夠了。

我們需要了解的第二個詮釋資料是「block/left」，它指明自己的左邊塊的序號。對這個塊而言，它左邊的塊就是它的父塊，即「人是一個分數……他全部的生活和他目標的對比」，這個塊在數據庫裡的序號是：1564。數據庫的序號不是固定不變的，它是用來標明本塊的相對位置，標明它和其他塊、頁面的關係，只要塊有修改，序號就可能改變。第三個需要了解的詮釋資料是「block/content」，它列明了本塊記錄的文本內容。第四個需要了解的是「db/id」，它標明的是自己在數據庫內的序號「1563」，接下來的是本塊的路徑序號（1543），父塊的序號（這個塊的父塊就是其左邊的塊，所以同為1564），以及所在頁面的序號（1543）（如圖2-3所示）。

塊的編號和序號作用非常大。類似於「634c785e-8823-4607-a902-3bd2b20d5e2a」的塊編號，在我們的第一大腦，是不存在的。我們的眼睛也很難區分「634c785e-8823-4607-a902-3bd2b20d5e2a」和「634c785e-8823-4607-a912-

```
{:block/uuid #uid
"634c785e-8823-4607-a902-3bd2b20d5e2a",
:block/left {:db/id 1564},
:block/format :markdown,
:block/content
```

> block/uuid：塊號，
> 32 位，自動生成，
> 固定並有唯一性

> block/left：前一個
> 塊的資料庫序號

「你可以問問你自己，如果你的生命只剩下 12 個月的時間，你會不會改變你現在的生活方式？有哪些事你不想再做了，有哪些新的事你想去嘗試，還有哪些事情你要調整，增多或者減少。有哪些人你要去拜訪，要花時間和他們相處，還有哪些人你不想再見了。你還可以轉換一個角度再問自己一個問題，如果你實現了財富自由，你又將怎樣調整自己的生活？對這些問題的回答，事實上就是你對生活的憧憬和目標，你應該聚焦在這些目標、方向和事情上，按照他們的優先順序、重要度，一件一件完成，行有餘力再去設計新的目標。」

> block/content：
> 塊的內容

```
:db/id 1563
:block/path-refs[{:db/id 15433],
:block/parent {:db/id 1564},
:block/unordered true,e,
:block/page {:db/id 1543}}
```

> db/id：自己的資料庫序號

> 所在的資料路徑序號

> 父塊的資料庫序號

> 所在的頁面序號

圖 2-3 子塊的詮釋資料

3bd2b20d5e2a」這 2 個編號有什麼不同。事實上，這 2 個字串只有一個數字不同，第一大腦很難發現，但這個細微的區別對於第二大腦來說，是非常容易判斷的。

人類的第一大腦能隨時調用自己的記憶，但這個過程和計算機相比，是高度模糊的、緩慢的、不精確的。當我們回憶某一特定的往事和場景時，有的印象是一呼即來，一看就是對的，但更多的時候，來了不止一個印象。它們有的時候是依次進退、次序井然，但有的時候卻是姍姍來遲、模模糊糊、次序混亂。它們都好像是飄忽的幻影，來自大腦中某個隱祕的洞穴，我們根本說不清楚是哪裡。當我們發現它們不是我們想要的記憶之時，我們就揮舞著意識的雙手把它們從大腦中趕走，又調動其他的印象重新來到大腦之內再次鑑別。還有，對所有的印象和記憶，在我們的第一大腦中也無法像第二大腦中一樣標明日期，所以我們常常記得一件事確實發生過，但除了少數一些刻骨銘心的大事，例如入學、畢業、結婚、生子等，或者做了專門的日記，否則我們是想不起來具體發生在哪一天的。

之所以講這些，是想說明第二大腦和第一大腦工作機制的區別。我們的生物大腦沒有這樣複雜的編號，也記不

住這樣的編號。雖然第二大腦存在這樣的編號，但我們也不用去記憶每個塊的編號以及它具體保存的位置，像第一大腦一樣，我們只要記憶它和其他塊的關係。每個塊的編號是固定不變的，但只要這個塊的位置移動了、改變父子關係了，序號就隨之變化。當然，這也說明，我們的第二大腦不僅是個保存記憶的地方，更是一個為了工作、生產、創作而存在的體系，它能隨著需求的不斷變化而變化。

現在來說說編號的一個重要應用。編號作用很大，舉個例子，很可能，你在記錄上面這個塊的時候，會意識到你在 8 月 20 日的時候記錄了一條相關的，或者說類似的資訊，它當然就保存在 8 月 20 日這天日記頁面的一個塊裡面。這個時候，你可以把這個塊添加進來，添加的方式有 2 種：

一種是連結：即把那個塊的編號放在這，你一點擊，就轉到那個塊，就像網上的連結一樣；

另一種是嵌入式引用（見圖 2-4）：你可以嵌入那個塊的編號，只要寫一個簡單的語句：{{embed ((62518c8d-f38e-4096-abb1-12251af3f1f2))}}，這個塊就會以圖 2-5 的

方式呈現出來。

　　為什麼需要嵌入式引用，而不直接把這段話拷貝在這裡？拷貝確實很方便，但在這裡會是一個糟糕的措施。如果我們把某個塊連續拷貝 3 次，然後作為子塊放到 A、B、C 3 個父塊的下面，3 個子塊就會擁有 3 個不同的編號，3 個不同的身分，而它們事實上是同一的，這就會給第二大腦未來的管理帶來潛在的重複、混亂的問題。連結和引用都減少了第二大腦的臃腫，而且在嵌入式引用中，你可以點擊這段話，直接對它進行修改，它原塊的資訊也同步被修改，非常方便。

---

　　● 人生最愉快、最無害的小路，必經過科學和學問的證道，任何人只要在這
　　　方面能把一些障礙清除或開闢任何新的境界，我們在那個範圍內就應該把
　　　它當作人類的恩人。

　　　● {{fembed ((62518c8d-f38e-4096-abb1-12251af3f1f2))}}

圖 2-4 嵌入式引用的語句

---

　　我個人很喜歡嵌入式引用的方式。這個功能非常強大，這相當於把一些不同的塊透過引用聚合在一起，成為

新的塊。被引用塊的個數，沒有限制，它們在新塊中所處的位置，可以用滑鼠隨意拖動調整。每一個塊被引用的次數，也沒有限制，次數會在旁邊自動標出來。

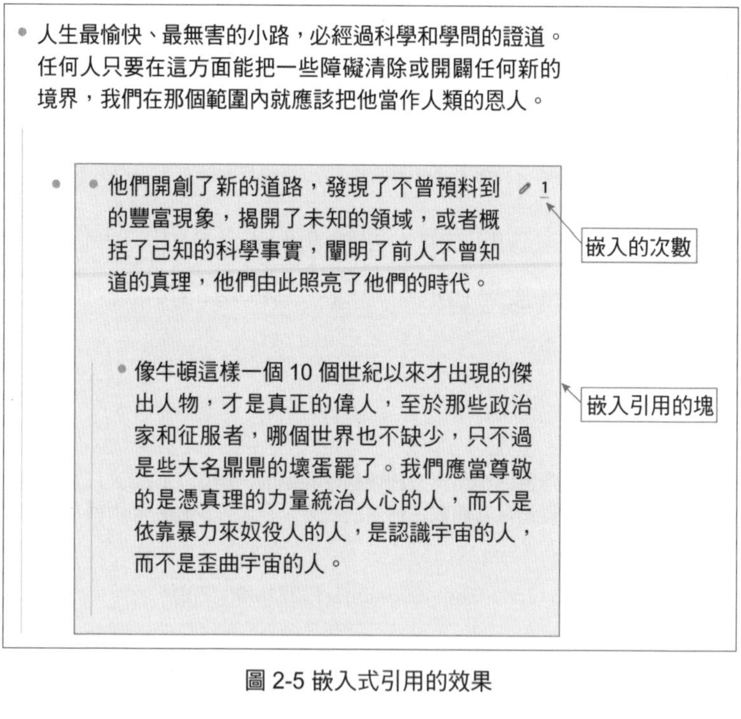

- 人生最愉快、最無害的小路，必經過科學和學問的證道。任何人只要在這方面能把一些障礙清除或開闢任何新的境界，我們在那個範圍內就應該把他當作人類的恩人。

  - 他們開創了新的道路，發現了不曾預料到的豐富現象，揭開了未知的領域，或者概括了已知的科學事實，闡明了前人不曾知道的真理，他們由此照亮了他們的時代。　　　1　← 嵌入的次數

    - 像牛頓這樣一個 10 個世紀以來才出現的傑出人物，才是真正的偉人，至於那些政治家和征服者，哪個世界也不缺少，只不過是些大名鼎鼎的壞蛋罷了。我們應當尊敬的是憑真理的力量統治人心的人，而不是依靠暴力來奴役人的人，是認識宇宙的人，而不是歪曲宇宙的人。　← 嵌入引用的塊

圖 2-5 嵌入式引用的效果

## 2

# 標籤：為塊建立人工突觸

我們前面說到，第一大腦是透過保存關聯性來保存記憶的，神經元有樹突和軸突，軸突的觸角叫「突觸」，一個塊既要有輸入資訊的樹突，也要透過突觸和其他的神經元建立連結，把特定的資訊傳導出去。那我們接下來要做的，就是給我們第二大腦的資訊塊建立「突觸」。那這些個突觸是怎樣建立的呢？

為一個塊建立樹突和突觸的過程，是第二大腦最鮮明的一個特點，它被稱為「雙鏈」，而網路上的連結，你可以理解為「單鏈」。我們先來看看什麼是「單鏈」。

網路搜尋「半島」的頁面顯示，你可以看到，這裡面

「湖泊」2個字是突顯的，它是一個連結，點擊它會跳轉到「湖泊」的頁面。在「半島」的頁面上，有很多這樣的連結。作為「半島」，它清楚地知道，它引用了「湖泊」的連結。但我們打開「湖泊」的頁面之後，我們很容易發現：在「湖泊」的頁面上，它是不知道「半島」引用了它的。它不僅不知道「半島」引用了它，任何人對它的連結和引用，它都不知道──這就是所謂的單鏈，就是我們自己知道我連結和引用了誰，但不知道誰連結和引用了我。

圖 2-6 百度詞條「半島」
（圖片來源：網路）

　　「單鏈」是網路超文字連結的主要形式，可以說，整個網路都是單鏈的。還記得嗎？我們討論過：網路上的連結就是延異，延異就是黑洞，因為我們來到一個又一個新的知識點，這些新的資訊無一不需要我們投入注意力。

圖 2-7 百度詞條「湖泊」

（圖片來源：網路）

　　假設我們透過「半島」頁面跳到了「湖泊」頁面、透過「湖泊」頁面跳到了「裡海」頁面（「裡海」是「湖

泊」頁面的第一個超連結）。當我們在閱讀「裡海」頁面
的時候，我們可能會突然意識到自己的本意不是來看關於
「裡海」的介紹。如果我們不是一直都保留新打開的視
窗，而是隨手就關閉了一個剛讀完的視窗，那我們可能不
得不花點時間、停下來回溯一下發生了什麼，我剛剛是在
做什麼？我怎麼讀到了這裡？我們所來的路徑是什麼？如
果我們跳轉了 3 次以上，就很容易糊塗，完全忘記了自己
的初衷。這就是我們為什麼說「延異就是黑洞」的主要原
因，這也是為什麼我們會在前文得出結論：網路是個獲取
新資訊的好地方，但網路不是一個好的思考工具。

現在想像一下，如果網路不是單向連結的，而是雙向
連結的，那會怎麼樣？所謂的雙向連結，就是我們在閱讀
「湖泊」網頁的時候也可以直觀地看到「半島」網頁曾經
提及過「湖泊」；我們在閱讀「裡海」網頁的時候也可以直
觀地看到「湖泊」網頁曾經提及過「裡海」。那我們就可以
隨時從「裡海」回到「湖泊」，從「湖泊」回到「半島」。

現在，我們把「半島」、「湖泊」、「裡海」簡化為
符號 A、B、C，所謂的雙向連結（見圖 2-8），就是可以
從 A 找到 B，也可以從 B 回到 A；如果從 B 到了 C，且 B

和 C 也是雙向連結，那我們也可以從 C 回到 A。但單鏈就回不去（見圖 2-9）。

圖 2-8 雙鏈示意圖

圖 2-9 單鏈示意圖

你可能會說這沒什麼了不起，但我們要知道，這個箭頭代表的可能是邏輯關係。現在將這條鏈路再加長，下一頁的圖 2-10 中的 A 和 F 乍看之下可能是風馬牛不相及的 2 個概念，但透過中間 B、C、D、E 的連結，你就能補齊從 A 到 F 的所有路徑。理解這段邏輯通路，而 B、C、D、E 在你的第二大腦裡可能都是現成的「論據」，來自你過去每一次不經意的記錄，它們可能共同促成了「F」這一新的發現，給予你新的靈感。如果你不能來回走動，你就很難理解、發現這樣的靈感和通路。

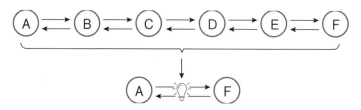

圖 2-10 多個雙鏈連結達成的效果

　　那你現在肯定要問，既然雙向連結這麼有用，那為什麼網路不採用「雙鏈」的結構呢？這個問題其實前人討論過，美國著名的科技政策專家凡納爾・布希（Vannevar Bush，1890—1974）在 20 世紀 40 年代就提出網絡應該採用雙鏈的結構來建設。布希是位高手，他在 70 年代撰寫過一篇報告叫〈無盡的前沿〉，直到今天還時不時地被拿出來討論。布希提出雙鏈之後也不斷有人迴應，並試圖在局部網絡中實施，但網路最終沒有採用全網雙鏈的結構，原因有多個：一是如果雙向記錄網絡會變得無比龐大；二是這些回溯的連結在很多時候確實沒有什麼用；最後還有人用隱私保護和自由引用的權力來反對雙鏈的結構。

　　而第二大腦和網路不一樣，第二大腦是雙鏈，那它的單鏈是怎麼變成雙鏈的呢？

　　和網路一樣，第二大腦有連結，但除了連結，第二大腦還給每個塊引入了設置「標籤」的做法。設置標籤就像給一個塊加一個鉤子，同一個標籤的塊會勾連起來，實現自動歸類。你也可以把標籤簡單地理解為分類，分類是人類認識和改造世界最基本的方法。標籤的設定，就是一個「#」字號緊跟著一個關鍵詞，例如「# 地理」，就是「地理」這個詞彙的標籤。

　　網路搜尋的這句話，在 Logseq 平台上，很可能是圖 2-11 所示的這個樣子：

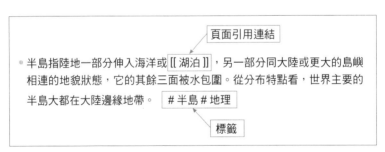

圖 2-11 資訊塊的雙鏈如何設置

　　其中 [[ 湖泊 ]] 這個加雙方括號的部分相當於網路上的連結，[[ ]] 在 Logseq 叫「頁面引用連結」。你一點擊，就進入了「湖泊」的頁面，這就相當於神經元的樹突，它表

明「有個資訊從這裡來」，即來源；但在這條資訊的尾部，我們看到，它加上了 2 個標籤，一個是「# 半島」，一個是「# 地理」。這 2 個標籤表明，這個資訊塊將會分別彙總到「半島」和「地理」這 2 個頁面中去，這就相當於神經元的軸突，表明的是資訊的去處。也就是說，在第二大腦裡的這個資訊塊，它知道自己引用了「湖泊」，它也知道它被「半島」和「地理」引用，這就叫「雙鏈」。

我們也可以把標明「我引用了誰」的部分叫作前鏈（或者正鏈）；把標明「有誰引用了我」的部分叫作後鏈（或反鏈）。

補充一句，關於頁面引用連結，就像網路上的連結，你可以在任意位置使用雙方括號 [[ ]] 將某個關鍵詞框住，Logseq 就會新建一個以這個關鍵詞命名的頁面，點擊就可以進入這個頁面。

未來，當你對「雙鏈」熟悉到一定程度的時候，你會發現，無論是頁面引用連結，還是標籤，兩者在功能上幾乎是等價的，都是產生或者連結一個頁面。如果說有一點點區別，那就是標籤在某種程度上，可以被認定是詮釋資料，而「頁面引用連結」僅僅是一個連結，不是詮釋資料。

在前面不止一次談到，我們的第一大腦是透過保存關係和連結來保存記憶的。現在開始你會逐漸體會到，相比於網路的單鏈，第二大腦的雙鏈標明了雙向的關係，更適合保存關係、保存記憶，當然也就比網路更適合展開思考。

關於標籤的第二個要點，是標籤可以繼承。

我們前面介紹了父塊、子塊和孫塊。子塊隸屬於父塊，不同的子塊還可以有各自的子塊，即孫塊。其實，你也可以把這種關係理解為一種分類，如圖 2-12，A 有 B、C、D 3 個子塊，B 自己又有 E、F、G 3 個子塊，這也就實現一個初步的分類，這個分類的結構叫樹狀分類，或者叫樹狀結構。這個分類是嚴格的層級分類，例如在圖 2-12 中，既然 F 屬於 B，那它就不能屬於 C。

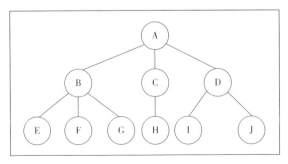

圖 2-12 樹狀結構

　　但樹狀分類很容易產生一個難題，一則資訊很可能有多重屬性。按照這多重屬性進行分類，既可以被劃分到 A 類，也可以被劃分到 B 類，甚至還可以被劃分到 C 類，而 A、B、C 3 類的劃分往往又沒有遵循統一的、嚴格的標準。標籤之所以產生，針對的就是上述這個困難，2 個標籤之間可以沒有嚴格的從屬關係，例如我可以為一個資訊塊打上 2 個標籤：一個是「# 人性」；一個是「# 科學」。「人性」和「科學」的關係並不是樹狀結構可以描述的，為了我們的方便，它們也沒有必要遵循嚴格的邏輯關係。

　　簡單地說，透過標籤，可以創建重疊的集合，這是嚴格的樹狀結構做不到的。

　　我們接著要說明的是，因為子塊和父塊是樹狀結構，子塊隸屬於父塊，所以子塊會繼承父塊的所有標籤，各個子塊也可以擁有自己的標籤，這些標籤可以和父塊不同，也可以和其他子塊不同。圖 2-13 是我們給第一個圖示（圖 2-2）中的例子加上標籤。我們來看看標籤是怎麼繼承的。

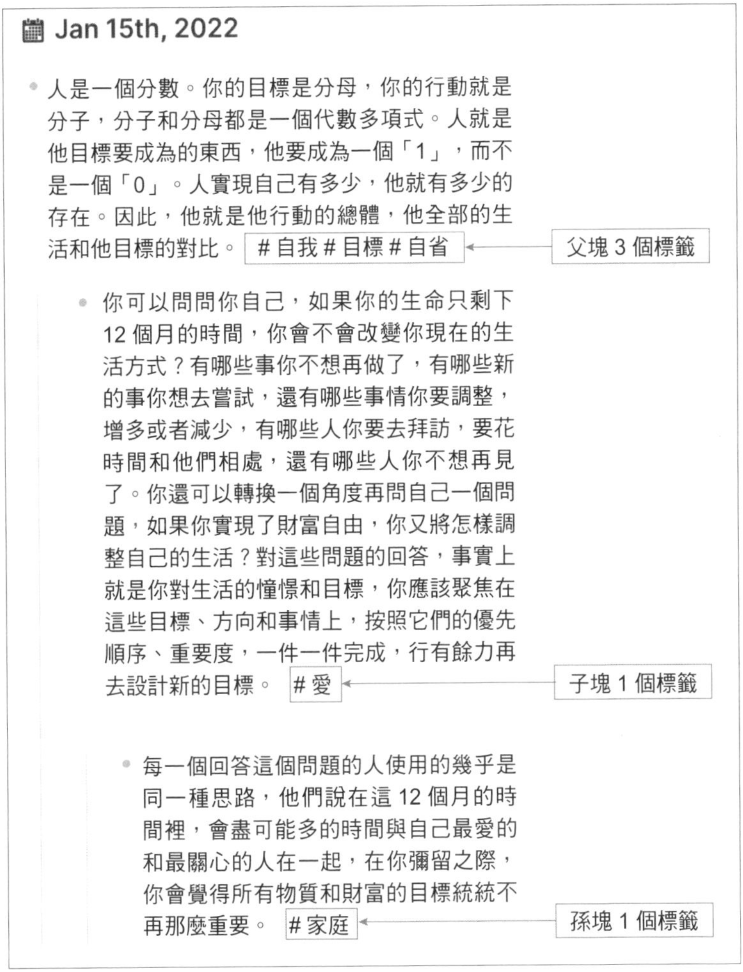

📅 **Jan 15th, 2022**

- 人是一個分數。你的目標是分母，你的行動就是分子，分子和分母都是一個代數多項式。人就是他目標要成為的東西，他要成為一個「1」，而不是一個「0」。人實現自己有多少，他就有多少的存在。因此，他就是他行動的總體，他全部的生活和他目標的對比。 #自我 #目標 #自省 ← 父塊 3 個標籤

  - 你可以問問你自己，如果你的生命只剩下 12 個月的時間，你會不會改變你現在的生活方式？有哪些事你不想再做了，有哪些新的事你想去嘗試，還有哪些事情你要調整，增多或者減少，有哪些人你要去拜訪，要花時間和他們相處，還有哪些人你不想再見了。你還可以轉換一個角度再問自己一個問題，如果你實現了財富自由，你又將怎樣調整自己的生活？對這些問題的回答，事實上就是你對生活的憧憬和目標，你應該聚焦在這些目標、方向和事情上，按照它們的優先順序、重要度，一件一件完成，行有餘力再去設計新的目標。 #愛 ← 子塊 1 個標籤

    - 每一個回答這個問題的人使用的幾乎是同一種思路，他們說在這 12 個月的時間裡，會盡可能多的時間與自己最愛的和最關心的人在一起，在你彌留之際，你會覺得所有物質和財富的目標統統不再那麼重要。 #家庭 ← 孫塊 1 個標籤

圖 2-13 父塊和子塊的標籤繼承

　　當我們搜尋某個特定關鍵詞的時候，不僅會搜尋父塊，也會搜尋子塊。現在假設我們搜尋的是「自我」，第二大腦會發現這個父塊是我們的目標，則會同步顯示父塊和所有的子塊，因為子塊自動繼承父塊的所有標籤；但當我們搜尋「愛」的時候，只有一個子塊是我們的目標，則僅僅顯示這一子塊和其父塊，其他子塊全部不顯示，同步顯示其父塊的原因是便於我們定位、理解這個塊在我們第二大腦中的位置。理解這一點，你就理解了父塊和子塊的關係。

　　Logseq 還允許給一個標籤建立子標籤，它的格式是「＃半島／地理」，即「＃半島」是「＃地理」的一個子標籤，這種標籤的層級其實也是一種樹狀結構。使用了標籤層級的地方，塊和塊之間要麼是上下級的關係，要麼是同級的關係。這樣，我們可以一目瞭然地看到哪些塊是並列的，哪些塊是隸屬的。之所以提供這樣的設置，就是想透過標籤和樹狀結構的有效互補，讓資訊塊產生更多符合我們邏輯直覺的交叉和連結。

　　講到這裡，你可能覺得，標籤真的有點複雜。我的經驗是，設標籤不難，難的是你要確定在自己的第二大腦裡

究竟要設置哪些標籤，這才是一個問題。如果你隨意使用一個詞作為自己的標籤，你將很快意識到，你無法給自己的資訊塊進行有效的分類，反而會給自己帶來管理的麻煩。你所有的標籤彙集在一起，最後會形成一個獨特的標籤體系，這個標籤體系是否科學有效是第二大腦的重要支撐。

最後，我們梳理一下標籤設置的基本原則和方法：

第一，標籤選用的關鍵詞要準確、統一、有代表性。我們可以參照學科的分類、圖書館的主題分類方法來列出自己的標籤用詞。但更重要的是，設標籤是一個高度個人化的事情，標籤是用於分類和搜尋的，只有符合自己分類的需要才能保證較高的查找效率。所以你選擇哪些詞作為標籤，要根據自己的需要來設置。

第二，每個塊的標籤數量不要太多。我的經驗是 3 個最好。為什麼是 3 個？原因後面會具體解釋，但我們要避免標籤總數的上升。數目的增多意味著屬性的細化，管理它們很費時和精力。

第三，不要試圖一次設好每個塊的標籤。標籤也可以隨時修改，這是一個循序漸進的過程。我們可以在對塊的

認識加深時再添加、再修改，修改標籤就像修改一個塊一樣簡單。

第四，在樹狀結構裡打標籤，子塊會繼承父塊的標籤，即自動擁有這個標籤；但子塊也可以有自己新的屬性，即獨立的、新的標籤。所以要思考哪些標籤應該放在父塊，哪些應該放在子塊，要不然在我們的分類和搜尋中，會出現大量重複臃腫的現象。

# 頁：第二大腦的反射區

當我們為一個塊設置某個特定的標籤時，它就屬於某個特定的分類了。第二大腦會自動為每個標籤形成一個新的、專屬的主題頁面，這個頁面會把所有帶有這個標籤的塊彙集到一起。

一個頁面就是第二大腦的一個主題反射區，下面我們來討論怎樣來建設、使用這個反射區。

下一頁是我第二大腦中的一個叫 [[ 歷史 ]] 的頁面（圖 2-14，圖 2-15），你會看到這個主題的反射區現在分為 3 個區域：第一區域叫主反射區，目前是空白；第二區域叫「Linked Reference」（標籤引用聚集區），你會看到這裡

```
歷史                                               第一區域:
  •                                    ◄────       主反射區
  •
```

```
                                               第二區域:
                                        ◄──────  標籤引用聚集區

7 Linked References  ◄────────────────              ▼

Apr 12th, 2022
  • 世界無論攤上多少苦難。但它總是迂迴地、緩慢地
    靠近光明。(反過來說好像也對)# 歷史

Mar 31st, 2022
  • 一切重大的世界歷史事件和人物,一般地說都會出
    現兩次,這是黑格爾告訴我們的。而且,正如後來
    馬克思後來補充:第一次是作為悲劇,第二次是作
    為鬧劇。# 歷史

Jan 15th, 2022
  • 沒有什麼世界之都。多少王朝崩潰,多少英雄死去,
    世界的中心只在那小小的風俗之中——在那裡,一
    個小小的禁忌,都可能成為命運。# 歷史

Jan 11th, 2022
  • 我要向你透露一件事情,這件事在你的生活中會反覆
    加以證實:一切處於倒退和瓦解之中的時代都是主
    觀的,與此相反,一切前進上升的時代都有一種客
    觀的傾向。我們現在的這個時代是一個倒退的時代,
    因為它是一個主觀的時代,這一點你不僅在詩歌方面
    可以見到,而且在繪畫和其他許多方面都可以看出。
    與此相反,一切健康的努力都是由內心世界轉向外
    在世界,像你所看到的,一切偉大的時代都是努力
    向前,都是具有客觀性質的。# 歷史
```

圖 2-14「歷史」主題反射區(第一區域、第二區域)

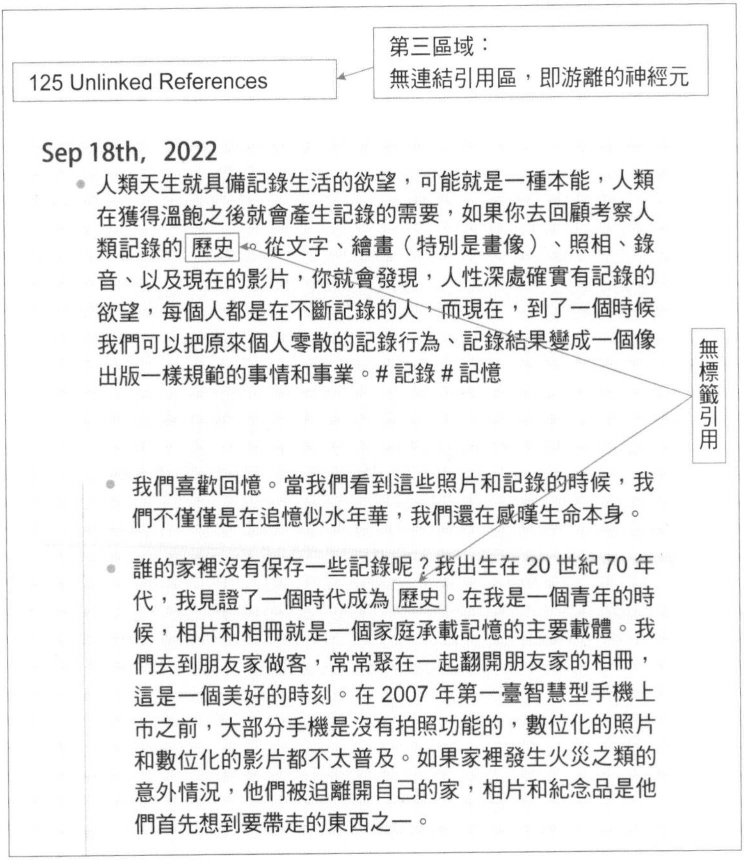

圖 2-15「歷史」主題反射區（第三區域）

匯聚了一些資訊塊；第三區域叫「Unlinked Reference」（無連結引用區），也匯聚了一些資訊塊。目前你還不清楚這些資訊塊是怎樣來的，3 個區域是怎樣形成的，我下

面一個一個做出解釋。

先從第二區域開始。這個區域叫「Linked Reference」，也就是「連結引用」。事實上，這個部分歸集的，就是雙鏈中的後鏈，它會告訴我們，有誰引用了我。我們現在看到這個區域已經列明了它包含 7 個塊，分別來源於 2022 年 4 月 12 日、3 月 31 日、1 月 15 日、1 月 11 日等日期的日記（Journal）。這就表明，在 4 月 12 日的日記裡，有資訊塊引用了我，我──就是 [[ 歷史 ]] 這個主題。也就是說，我們在 4 月 12 日這天的日記裡面，記錄了一個訊息塊，它被打上了「＃歷史」的標籤，所以被匯聚到了這裡。當然，你可以很快查看 4 月 12 日的日記，確認這個訊息塊，如圖 2-16：

---

**Apr 12th, 2022**
- 世界無論攤上多少苦難。但它總是迂迴地、緩慢地靠近光明。（反過來說好像也對）＃歷史

---

圖 2-16 從日記中匯聚過來的訊息塊

「Linked Reference」這個區域，也是所有具備同一標籤、透過標籤相連的神經元的聚集區。

　　我們知道，標籤這種分類方式比樹狀結構更實用，但是標籤也有問題，它描述的關係事實上是一種弱關係，基於它的分類通常是廣泛的、交叉的、模糊的。當這些神經元聚集在一起，問題來了，它們之間沒有層級和結構，只是一個混亂無序的排列。這個排列先天的標準是按時間進行的，你可以看到，這 7 條講的雖然都是「歷史」，但著重點還是不一樣，要把它們合併到一起，有點難，我們必須一條一條地看，才知道哪些相關度高、哪些有用，又有什麼用。

　　要建立一個有效的第二大腦，這時候我們要做一件非常重要的工作，那就是：重新賦予這些聚集在一起的神經元以新的結構，這也是建立主反射區的過程。我們的第二大腦，要提前預設這個反射區應有的結構，按照這個結構重新審視這些神經元，然後把我們判斷為相關的、合適的神經元從第二區域轉移到主反射區的相應位置去。這個過程的本質，是在同一標籤的頁面中，確定各個塊和反射區主題的關係遠近和結構。一旦確定它們有親密的關係，就可以把它從第二區域移到第一區域，即主反射區，其操作在 logseq 平台上非常簡單，當一個塊被移動到第一區域之

---

歷史

- **記錄之歷史的作用**

- 最早的寓言故事一定包含著民政方面的一些真相，所以必然就是最初各民族的一些歷史，一切野蠻民族的歷史都是從寓言故事開始的。

  - 所有歷史的最初基礎是父親對兒子的述說，他們被一代傳一代，最初他們的邏輯性很強，並不與常識衝突，但他們被每傳一代人，其邏輯性就減弱，隨著時間的推移，虛假的細節不斷增多，真實的事蹟不斷減少，由此便導致人們的起源不可思議。

  - 在我這部把偉人們的生活進行了比較的著作中，在考察了那些推理可能達到的和真實的歷史可能找到立足點的階段之後，關於更遙遠的過去，我可以說：在此之前只有傳奇和想像，居民們是詩人和寓言發明家，此外再沒有別的可以相信和確認的了。

- 在古人的著述中，我們所掌握的部分可以說是微乎其微的，只是命運之神使它們殘存下來，並根據他們自己的愛好對它們做了剪裁，我們有理由懷疑我們所掌握的是否是最沒有價值的部分，因為我們對其他的一無所知。

  - 我的責任是在報導人們所說的一切，但我自己並不一定就相信這些事是真實的，我這項聲明適用於我的全部作品。

  - 因為我們不知道古代的事實，所以我們盡可能把虛假裝扮成真實，並加以利用。

- **歷史的進程**

- 是循環，還是進步，或者倒退？
- 黃金時代，白銀時代，青銅時代，黑鐵時代。

分區名稱

圖 2-17「歷史」主反射區的 2 個分區（1）

- 人們必須認識到人類進步能夠被改變的只是其速度，而不會出現任何發展順序的顛倒或跳躍過任何重要的階段。
- 這是古代以自主方式生活的一切地方的正常現象，互相搶劫是一種正當的職業，絕沒有當成是違反自然法的事情，以致搶得贓物愈多的人就愈光榮。
- 歐洲的 50 年勝過中國的一個朝代。
- 人類的一切事情都具有自然運動、生長、滅亡的過程，都是一個循環，每個人、每一種政體或每一件事情都有一個經歷發展、興盛、衰落的自然過程。

---

- 一切事物的運動都有特定的時間，他們註定要發生、發展和毀滅，你所看見在我們頭頂上移動著的星辰和我們所依附並居住在其上似乎不動的地球，都將會衰竭和消失，一切事物都會衰老，各種事物的壽命雖然不一樣，但都是受到自然的驅使去達到同一個目標，任何事物都將終止存在，但它不會消失而只是分解為其他的元素。地球的元素必須被全部分解或澈底破壞，才能使他們重新創造清白純潔，才能不留下教唆犯罪的餘孽，終有一天整個人類會被埋葬，長期忍受命運所產生的一切，所有出人頭地的人物，所有著名的和美麗的事物，以及偉大的國王和偉大的國家，都會沉淪，都將在頃刻之間被推翻。當人類澈底毀滅，野獸也被賦予同樣命運的時候，地球將再次引進大海汪洋，大自然將迫使大海停止流動，在所有界限之內消解其怒濤，事物的古老秩序將被恢復，所有的生靈將重新創造，地球將得到在更幸福的星辰照耀下誕生的不知罪惡的新人類，但是他們也僅僅是在誕生之初保持了他們的清白和純潔。# 宇宙

這個塊還帶有「# 宇宙」的標籤，這說明它還將出現在「宇宙」主題反射區

圖 2-17「歷史」主反射區的 2 個分區（2）

後，它就可以刪除「歷史」這個標籤，因為它已經屬於主反射區了，在主反射區的塊，天然就具備這個標籤；但它還可以保留其他標籤，正是因為其他標籤的存在，它還同時屬於其他頁面，是組成其他反射區中的一個神經元。

也就是說，主反射區的內容可以來源於「Linked Reference」這個區域，這取決於我們怎樣評價「Linked Reference」區域那些塊和反射區主題的關係，以及這些資訊塊本身的質量。

現在我們來看第三區域，這個部分就是「Unlinked Reference」，即「無連結引用」，也可以理解為「無標籤引用」。這裡的塊來自哪裡呢？我們說標籤是一個關鍵詞，有一些塊包含這個關鍵詞，但卻沒有被打上這個關鍵詞的標籤。這樣的塊就會自動匯聚在這裡，我把它們稱為「游離神經元」。比如從前面的圖 2-15 你可以看到，在我的第二大腦裡包含有「歷史」2 個字，但沒有打這個標籤的「游離神經元」一共有 125 個。第一、第二個分別來自 2022 年 9 月 18 日的日記。這些游離的神經元在我們利用第二大腦研究問題的時候，也可能發揮重大的作用。一個最直接的可能是，某一天你可能會決定，它事實上不是游

離的，而是直接相關的，從而給它加上標籤，它就會立刻出現在第二區域，成為「Linked Reference」（後鏈引用聚集區）的一部分，這時候，它從一個游離的神經元變成了緊密相連的神經元。

　　現在我們明白了反射區的主要結構，我們要再聚焦談一談「主反射區」，顧名思義，這是一個反射區的主體。當然，除了把第二區域的相關神經元轉移過來，我們也可以隨時在這個區域直接寫入。在主反射區我們還可以建立分區，例如，在我的「歷史」主反射區就分了 2 個分區，第一分區名為「記錄之歷史的作用」，第二分區名為「歷史的進程」，而相關的神經元分別歸攏於這 2 個分區的下面。

　　在每個分區開始的頭部，我們還可以做一張專門的卡片，對這個分區所有塊的內容、框架和精華進行總結和勾勒，在 Logseq 裡叫閃卡（flash card）。這是為加強記憶、快速查閱使用而準備的，下一頁的圖 2-18 是我為「時間」這個反射區做的一張頭部閃卡。當我們一看到這個卡片，就可以快速地確定這個分區的內容和精華，還可以把它設為提問的模式，一行一行提問，以輔助我們的記憶和思考。這張卡片內還可以包含直接點擊跳轉的連結，這對內

歷史

[[ 時間 ]] 的維度總結 #card

- 本質：無始無終，永恆，少了多少年未來的時間也不會減少，沒有任何分界線。

  - 萬王之王不受約束，最好的老師。
  - 在大部分時間裡，我們並不存在，以前不存在，以後也不存在。
  - 對時間的感受取決於大腦的記錄記憶。

- 比喻：事件的河流，颱風天的雲。

- 你有多少時間：一天一千多分鐘，<u>86,400 秒</u>，有 16 小時可以自由支配。　　　　　　　　　　**連結引用**

- 怎樣管理時間：清單，縮小時間管理的單位。

- 善用時間尺度體現大智慧：放大時間的尺度，風物長宜放眼量。

- 在你看來，1,000 年有如過去的昨天，又如夜間的一更。

  - 過去短，未來長，現在則可長可短。
  - 無法度量的過去，一個月和一個星期一樣長。

圖 2-18 頁面反射區的快反機制：頭部閃卡

容龐雜、重大的分區特別有用。例如，這張卡片的 86,400 秒就是一個連結，點擊它可以直接跳轉到相應的塊（見圖 2-19）。考慮到這張卡片的快速提醒作用，我稱之為頁面反射區的「快反機制」。

在 Logseq 裡面，有很多類似快反機制的設置，能幫助你提高對資訊塊的記憶。判斷一個分區是不是已經成熟，我們可以看它是否有足夠多的塊、是否還有自己的框架。如果一個分區還可能繼續分區，那就可以把它單獨拿出來，成為一個新的、獨立的主題反射區。

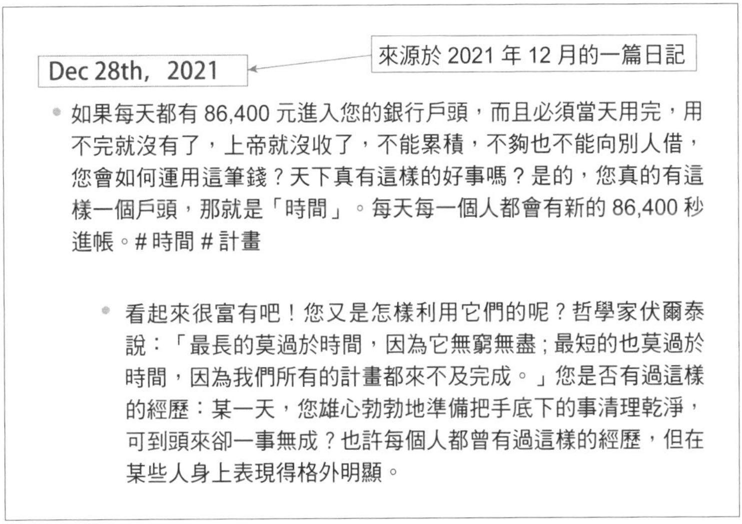

圖 2-19 頭部閃卡 86,400 秒連結引用的塊

現在我總結一下，在我們的第二大腦裡，有且只有 2 種類型的頁面（見圖 2-20），第一種是以時間流水為線索

的日記頁面（Journal），第二種是以專門主題為線索的反射區頁面。其實這兩種頁面都可以視為反射區，只不過日記頁面是以某一天為中心的，主題反射區頁面是以某一主題為中心的。此外，日記頁面還有一個特殊的作用，就是我們每天寫下資訊塊，可能一時半會想不出應該打上什麼標籤，那新的想法就暫時停留在日記那裡，等待你做出決定、設標籤，就此而言，日記的頁面就相當於一個候診室、一個緩衝區。

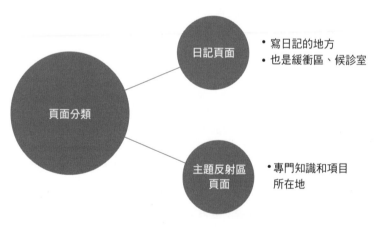

圖 2-20 第二大腦中的兩大類型頁面

一般情況下，我們可以在日記建立一個個新的資訊塊，這就相當於大腦中一個一個的神經元，我們透過標籤

把相關的神經元歸集為特定的頁面，這就是專門的反射區。在這個專屬的反射區裡，我們不斷地重新審視連結引用塊、非連結引用塊，對它們進行調整，形成我們反射區的主體。透過建立頭部卡片等措施，我們還可以不斷地溫習這個反射區。這樣，一個真正的、功能健全的主題反射區就建立起來了。

最後，有一個很好的消息，主題反射區的名字可以不斷地改動，這個意義重大，它意味著所有的標籤都可以不斷地改動，因為主題頁面是按標籤自動生成的。如果你修改了反射區主題的名稱，那你就修改了標籤的名稱，所有連結裡顯示的名稱都會同步自動更新。例如，你已經看到了「歷史」主題反射區的樣子，如果我將主反射區「＃歷史」這個標籤修改為「＃中國歷史」，那所有加上這個標籤的塊都會自動更新為「＃中國歷史」。這是一個非常有用、強大的功能，可以幫助我們不斷地優化標籤，把標籤體系變得更加精準和細密。

接下來，你很容易想到的是，功能類似的反射區聚集在一起，就會形成一個類似於神經中樞的地方，許許多多個神經中樞聚集的地方，就相當於我們生物大腦的大腦皮

層了。下一節，我們將在另一個層次上闡述神經中樞和大腦皮層的作用和意義。

# 4

## 構建神經中樞和大腦皮層的意義

　　一個人的成長，其實大部分時間都處在黑暗中。人無法通觀自己，但一條一條的記錄，就是照亮自己的一點星光，幫助我們在日常生活中認識自己，指導自己，形成我們的價值觀。如果我們本著務實的態度去記錄，就一定會得到回報。

　　當第二大腦裡的資訊塊愈多、頁面愈多，關聯建立得愈來愈繁複時，我們就很容易失陷在複雜的網絡中。這個時候，我們需要一張地圖，也就是一個清晰的索引，它可以幫助我們梳理各個主題反射區之間的結構化關係，也可

以幫助我們更容易實現檢索。

　　我的做法是，把一些相關的反射區聚合在一起，形成一個多頁面的集群。用部隊的建制來打個比方，如果說一個反射區是一個團的話，那一個反射區分區就是一個營，多個主題反射區的集群就是一個師，多個師又構成更大的集群——軍。當然，對應我們的生物大腦，我們也可以把代表多個主題反射區集群的「師」稱為「神經中樞」。

　　頁面集聚就是把不同的頁面歸集、放置到一起，這個行動本身並沒有太多的技術可講，但哪個頁面和哪個頁面歸集到一起，意義卻很重大。

　　Logseq 提供了一個這樣的組織功能，這本質上是一個叫「Content」（目錄）的頁面。例如，我在使用 Logseq 平台一年之後，就把「知識、真理、智慧和信仰」等頁面集聚在一起，形成了一個「真理和信仰」的集群，這個集群下面有 25 個頁面，這是在一年的過程中自然形成的。對於每一個頁面，我並沒有立刻關心它們有多少資訊塊、是不是已經完整地擁有了主反射區和分區，我只是讓它們自然成長，時不時關注它們，當我覺得有一個集群可以形成了，我就把它們單獨列出來，成立一個專門的神經中樞

（如圖 2-21 所示）。你可以想像，當我們的神經中樞愈來愈多的時候，就構成了我們的大腦皮層，當大腦皮層完全發育成熟，一個關於知識的體系和價值的體系也就出現了，這表示著第二大腦也建設成功了。

- 智慧、知識、真理和信仰
  - [[ 感覺 ]] [[ 思考 ]]（和理性相通）
  - [[ 記憶 ]] [[ 紀錄 ]] [[ 數據 ]]
  - [[ 知識 ]] [[ 無知 ]] [[ 真理 ]] [[ 理性 ]]
  - [[ 時間 ]]
  - [[ 歷史 ]] 包括紀錄和進程
  - [[ 智慧 ]] [[ 方法 ]] [[ 禪 ]]
  - [[ 哲學 ]] [[ 科學 ]]
  - [[ 信仰 ]] [[ 宗教 ]]
  - [[ 預測 ]] [[ 決策 ]] [[ 因果 ]]
  - [[ 清晰 ]] [[ 量化 ]] [[ 精確 ]] [[ 計算 ]] 包括數學

一個主題反射區

圖 2-21 一個神經中樞（頁面集群）

知識體系我想大家都明白，就是隨著知識愈來愈多的時候，知識之間會形成結構，並覆蓋到所有的領域。那價值體系和頁面集聚、大腦皮層有什麼關係？價值體系就是一個人價值觀的總和，價值觀就是一個人更看重什麼、什

麼事情對他來說更加重要。在做選擇時，人們就會在自己看重的事情上投入更多，並且限制自己在不重要的事情上的投入。人生很複雜，求學就業、戀愛結婚、生養子女、晉升創業、生老病死……有很多難題，每個人都要一一面對，如果沒有明確的價值觀，我們就很容易困惑，不知所措；如果沒有穩定、統一的價值體系，面對人生的紛繁選擇，我們的決策和行動就無法統一在同一套觀念中，我們的決定就會支離破碎、前後矛盾，這次選擇向左走，下次面臨類似的路口，卻選擇向右走，還有的時候，明明打出了左轉燈最後卻向右走，變成了投機。人生的選擇如果是機動的、無序的，這些行為之間就會產生衝突，這些衝突就會在我們的內心產生困惑和痛苦，當然，靠投機也很難取得長期的成功。

價值觀的來源，無非 2 個。第一來源是經由社會的灌輸而來，一個人在幼年的時候，會從自己的家庭、學校學習，不知不覺接受了外來的某種價值觀。但這些外來的價值觀是不足以指導一個人一生中的所有事務的，所以就有了第二來源。這個來源是經由自己的求索而來的，自己聽到了很多事，看到了很多事，經歷了很多事，在這個過程

中靠自己判斷和思辨的力量一點一滴、慢慢地形成一套價值觀，這是一個成長的過程，需要長期的積累。這個過程的微觀步驟，就是「記錄、思考和總結」（這個步驟也可以叫「記錄、反思和提煉」，見第五章第一節〈曾國藩家書〉的段落）。事實上，一個人要透過日常生活的點滴努力形成一整套的價值觀，我認為沒有比第二大腦更好的工具。記錄對人的思想和觀念有很強的塑造作用，你選擇記錄什麼，你才可能成為什麼。記錄、思考、總結多了之後，會慢慢形成一套自己的東西，也就逐漸沉澱為自己的價值觀。

概括地說，記錄可以幫助我們每個人形成整體的價值觀。當你的第二大腦有足夠多的主題頁面、反射區集群（神經中樞），這就意味著你的「大腦皮層」成熟了，當我們碰到任何一個人生的難題，我們可以首先來到第二大腦求助，我們先檢索我們的「神經中樞」面。例如最近我帶著孩子搬到了一個新的小區，2個孩子雖然處在不同的年齡階段，大的在青春期，小的讀五年級，他們在這個過渡期都有一個迫切的需要，就是需要認識新的朋友，我作為父親，應該怎麼指導他們呢？

我會來到我的「大腦皮層」，確定我可以從 2 個集群
獲得支援：一是情感、感情和情緒的集群，它有 9 個頁
面，包括一個叫孤獨的反射區（圖 2-22）；二是個人和社
會的集群，它有 8 個頁面，包括一個叫友誼的反射區。

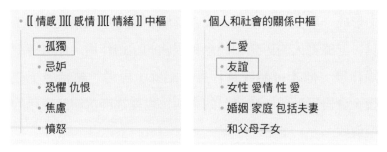

圖 2-22 在我第二大腦中的 2 個相關的神經中樞

我會從這 2 個反射區的主區開始，逐一閱讀我做過的
記錄，有很大的概率，我很快就能獲得一些方向和啟發，
然後決定我的行動，我的行動可能是在晚餐的時候講一個
故事，或者透過微信給老大發一首詩歌。圍繞一個名人的
觀點組織餐桌討論，傾聽他們的想法，當然更直接的是給
他們提出一個建議，或者和太太商量，採取一些相應的行
動。一般來說，我總會找到一些我平時不太記得的資訊，
當這些資訊一一出現，它們總是能發揮作用，除了主反射

區，我還可以打開 Unlinked Reference（無連結引用區），閱讀那些游離的神經元，查看更多的條目，我也可能再去「教育」的反射區查看，直到我心中有一個比較清晰的行動地圖。

那我從這些「神經中樞」的閱讀和查找中具體獲得了什麼呢？我下面就以上述場景為例子，略舉幾個收穫和啟發。

如果你逐一閱讀這些關於啟發的資訊（圖 2-23—圖 2-28），你會感覺這些啟發和收穫可以說很零散，但是它們非常管用，這立刻給我提供了在晚餐桌上時、在和孩子閒聊過程中談話的觀點和素材。這和臨時去網路上找、從書本裡面查是完全不一樣的。我講的這些東西是我平時記錄的素材，這些素材是我經過思考和判斷認為好的、我欣賞的、我可能缺乏的東西。透過記錄和講述，我不斷地鞏固了我的價值觀，同時也滋養了我孩子的價值觀。

---

友誼

- 有 2 個人在一起，就可以抓住一個人所不免要失去的那種機會，如果只是一個人自作主張，那就很容易遲疑不決，即使看到機會也可能白白錯過。

  - 文明社會中，不論在什麼時代，人都需要許多人的合作和幫助，但他的一生中僅僅能得到幾個人的友誼。

  - 沒有一個人可以沒有朋友而過好人生，儘管他有一切的美德。達官顯貴被認為是最需要朋友的人，因為如果沒有行善的機會，赫赫家財又有何用呢？在最值得稱道的朋友之道中，最主要的正是行善，沒有朋友又如何守得住萬貫家財，家大業大風險更大。貧賤之人，潦倒之人，更把友誼看作唯一的避難所，友誼還能說明年輕人修正錯誤、照顧老人、扶助弱小，使剛剛起步的人行為高尚，與朋友在一起使人更能思考，更加善於行動。

---

圖 2-23 啟發 1：友誼的重要性（來源於友誼主題反射區的主區）

---

友誼

- 朋友也未必總是帶來好處，有時反倒帶來麻煩。伏爾泰曾哀嘆道：「上帝啊，管管我那些朋友們吧，至於敵人，我自己能對付。」

---

圖 2-24 啟發 2：友誼的負面效應（來源於友誼反射區的主區）

---

Nov 2nd, 2021

棱羅的名言
- 「無論 2 條腿如何努力，也無法讓 2 顆心的距離更加接近。」# 友誼

---

圖 2-25 啟發 3：友誼和物理距離的關係

（來源於 2021 年 11 月 2 日的摘錄）

**Oct 2nd，2022**

- 交朋友的能力，其實本質上是欣賞別人優點的能力。世界上唯一能影響對方的方法，就是談論他所需要的東西，而且還告訴他如何才能得到它。#友誼

圖 2-26 啟發 4：交朋友的具體方法

（來源於 2022 年 10 月 2 日的摘錄）

**May 7th，2022**

- 當你靜下心來的時候，你可以生活在宇宙的任何一處。一個庭院、一間陋室、一杯淡淡的清茶，你會以淡泊的心享受生活的全部，你不用去找伴侶，你自己就是自己最好的朋友，你會喜歡獨處，你會享受寂靜。#孤獨

圖 2-27 啟發 5：獨處的好處

（來源於 2022 年 5 月 7 日的摘錄）

**Sep 1st，2022**

- 美國好萊塢明星喬治‧克魯尼（George Clooney）親口證實多年傳聞，他送給 14 位曾經幫助過他的朋友每人 100 萬美元現金作為禮物。克魯尼向 GQ 雜誌親口敘述起這段往事，聽起來好像是好萊塢電影裡面的情節，但卻是發生在現實生活中的事，而且就發生在好萊塢。#故事 #時間 #友誼 #金錢

1

圖 2-28 啟發 6：友誼和金錢的關係，一個令人印象深刻的好故事

（來源於 2022 年 9 月 1 日的摘錄）（1）

- 最早是在 2017 年，克魯尼的好朋友、生意夥伴格伯（Rande Gerber）最先透露他收到了克魯尼送給他的一個裝滿現金的箱子，以表示對他的謝意。2020 年克魯尼接受雜誌專訪時親自確認了這個傳聞，他在專訪時說，「那是在 2013 年，我和艾瑪（又譯作阿瑪爾，克魯尼現在的妻子）才剛認識，但還未開始交往，我還是單身，當時大概已經 52 歲了吧，我周圍的好朋友都已年紀不小了。」

- 「這些人真的都是我的好朋友，可能在我人生很長的一段時間中都幫助過我。」克魯尼說：「我們這幾個人都是很親密的好朋友，這麼多年來大家互相幫忙，沒有這些朋友，我不會有今天。」他說：「如果我哪天被車撞，我會留一部分遺產給他們。所以我就想為什麼要等到被車撞了再對他們表達謝意呢？」

- 於是克魯尼弄來一輛廂型車，還把廂型車偽裝成運送鮮花的樣子，到洛杉磯一個地點取款，1400 萬美元現金要動用貨板車才能搬運。在幾個保安人員小心翼翼地協助下，他們將 1400 萬美元現金分裝在 14 個 Tumi 牌的手提箱裡面，就像是克魯尼主演的好萊塢電影《瞞天過海》（Ocean's Eleven）裡面的場景一樣。準備好現金行李箱之後，他告訴這 14 位朋友第二天過來他家吃飯，他們到了之後發現在每個人的餐桌位置上都放了一個皮箱。克魯尼告訴他們，每個人 100 萬美元，是向他們表達謝意的禮物。

- 格伯回憶起當時克魯尼說：「我希望讓你們知道對我來說你們有多麼重要，我當初來洛杉磯，就是睡在你家沙發上。」「能有你們這幾位朋友我非常幸運，沒有你們的幫忙我不會有今天，我希望在大家都仍健在的時候，能夠回饋你們，請你們打開行李箱。」

圖 2-28 啟發 6：友誼和金錢的關係，一個令人印象深刻的好故事
（來源於 2022 年 9 月 1 日的摘錄）（2）

> ● 格伯說，打開箱子看到 100 萬現金禮物後大家都非常吃驚，而且克魯尼說他已經為這筆現金饋贈預先繳稅，等於是說他們每個人都可以實拿 100 萬美元。「其中有一個朋友在德州機場的酒吧裡工作，賺錢養活家庭，每天騎自行車上班，這些人幫助過克魯尼，現在換克魯尼回饋給他們。」

圖 2-28 啟發 6：友誼和金錢的關係，一個令人印象深刻的好故事
（來源於 2022 年 9 月 1 日的摘錄）（3）

　　一個人的使命就是認識自己、成為自己，成為一個真正的人。如果從 10 歲開始算起，我們將用 50 年到 70 年的時間來完成自己第二大腦的建設和打磨，每一個人都會擁有一個涵蓋自己一生學習和思考過程的完整記錄庫，我們的求知過程將會發生革命性的變化，逐漸形成一個非常精細和複雜的知識體系和價值體系。這就是第二大腦在除了記憶和思考之外的第三個功能，它將幫助我們建立價值體系，確立自我，成為自己。透過第二大腦，我們不僅可以把自己終生的記錄留存後世，我們留給後人的，還包括一個由我們的人生經歷錘鍊打造的知識框架和價值體系。

　　那一個成熟的「大腦皮層」到底需要有多少個「神經中樞」呢？我認為沒有必要根據「神經中樞」的數量來衡量第二大腦是否成熟，這完全是因人而異的，每個人都可

以按照自己的原則和個人化的需要來建立「神經中樞」，
第二大腦就像我們一個人本身，帶有鮮明的個人特點和風
格。我現在有 20 多個神經中樞，每個中樞下面有 10 個左
右的主題反射區，第二大腦的建設沒有止境，我只能說，
等我的神經中樞達到 30 個的時候，我的第二大腦建設會
上到一個更高的臺階。一個反射區到底應該歸屬於哪一個
神經中樞，我們可以隨時地調整。一個反射區還可以屬於
多個神經中樞，這完全是按照我們的個人需要來設定的。
正像一個塊可以引用另一個塊，一個反射區也可以引用另
一個反射區，可以是連結引用，也可以是嵌入式引用，這
就形成了「腦中有腦」的結構。

概括地說，神經中樞的架構是可以不斷調整、優化
的，而且一開始，我們並不要急著強行建立神經中樞的結
構，因為當我們對問題認識還不夠清晰時建立的結構一定
是不完善的，堅守這個結構反而會限制我們的思考，帶來
不必要的麻煩。

唯一要注意的是，為保證我們的設置具備一定的科學
性。我們在構建自己的集群和中樞的時候，必須具備一些
關於知識分類的基礎知識，例如可以參考美國國會圖書館

的圖書分類方法，它是根據杜威十進制圖書分類法整理而來的。但僅僅是參考就夠了，具體的分類要根據自己從事的工作和領域的特點做出調整，沒有人應該完全一樣。你可能已經意識到，分類在第二大腦的建設中非常重要。

確實，人類認識世界最基本的方法就是分類，但是，分類只是人類為了學習、記憶而採用的一個暫時的工具。人類的知識其實是一個整體，當我們用一條規則把知識整體分割開來的時候，千萬不要把這條線看成是條塊的分割線，而要把這條線看作是一條血脈，正是這條血脈的存在，知識之間才彼此連結，知識才得到共同源泉的滋潤。隨著自己記錄的資訊條目不斷增多，我們自己也在不斷地融會貫通，將自己所掌握的知識融為一體，有的時候，我會產生一種感覺，一個資訊塊可以歸到很多個類別裡面，甚至哪個類都可以，也就是它已經無須分類了。我認為，當我們產生這種感覺的時候，那是我們思考能力精進的一個表現，因為我們透過第二大腦，已經看到了知識之間千絲萬縷的連結，感受到了知識是一個不可分割的整體，這就意味著我們已經獲得了某種意義上的成功。

分類是一個伴隨第二大腦全生命週期的問題，上面探

討的是知識的分類。下面，我們要換一個角度，討論如何
對我們一生中可能遇到的所有資訊進行有效的分類，即資
訊的分類——我們只有清楚了資訊如何分類，才能判斷每
一條具體的資訊應該記錄在第二大腦的哪個部位。

# 5

## 用四個大類分揀一生所有的資訊

憑藉第二大腦，我們可以記錄所有的想法、過去發生的事情以及未來的計畫，還有任何我們看到的有用的資料。簡單地說，它應該記錄過去、現在和未來。

當第二大腦每產生一則新的區塊時，一寫完這個區塊本身，我們馬上就要回答一個問題，要把這個區塊放到哪裡，即它歸屬哪個大類，要給它設什麼標籤，它最終又會歸攏到哪些反射區裡去。

從實際使用的角度出發，我把所有需要記錄的區塊分成 4 大類：

一是關於各個領域的知識；

二是需要完成的專案；

三是日記，即個人日常生活和活動的記錄；

四是備忘訊息。

關於第一大類「各個領域的知識」很好理解，就是一個專門的分類頁面（主題反射區），例如「友誼」，這個頁面記錄著我對於友誼的想法、思考和各種各樣的摘錄，每個人都多多少少要面對、思考這個話題，這個頁面是需要我長期維護，甚至終生來完善的。

和「各個領域的知識」的長期性相比，「需要完成的專案」是臨時的，例如你工作的部門要迎接一次重要的業務檢查、一次新聞發布會，或者接待一位重要客戶，這些都可以是一個項目，你可以為這些項目建立一個專屬的反射區（頁面），所有相關的任務、計畫、活動都可以放置在這個頁面之內，包括影片、圖片、聲音這些檔都可以歸納在一起，這對專案管理非常方便。當這個專案完成，這個頁面也就停止更新了，它就作為歷史資料而存在。

第三大類是日記，也就是日記，用來記錄一天的生活

和活動。如果這一天我們產生了對「友誼」的思考、讀書摘錄，那我可以直接把這條記錄放到「友誼」的反射區。如果這一天我為某個項目準備了一個 PPT，那我可以把它放置到該「專案」專屬的頁面，但有一些和日期緊密相關的記錄，或者一時半會難以決定歸類的記錄，我都會放到日記的區域。

最後一類，即第四大類是那些無法稱為知識，只能稱為資訊的備忘錄。這些資訊只需要記錄，不需要整理，它包含我在工作或生活上不時需要查看的資訊，比如，一個密碼、一個有用的食譜、一個地址、一個商品的購買連結等，我使用「備忘錄」來管理這些資訊。你也可以把它理解為大雜燴，我把在其他場合保存不了的資訊都保存在這裡，甚至包括我的金融卡掃描文件。這樣如果我需要某些經常使用的資訊，我需要做的只是在備忘錄的頁面裡搜尋關鍵字，而不是在整個第二大腦裡搜尋。

我們還可以從另一個維度來劃分大類，我會把第二大腦中所有的資訊劃分為 3 大類：

一是資訊，即那些不需要任何整理、只需要記錄的備

忘資訊；

二是知識，知識需要整理，是那些經過不斷整理的資訊；

三是智慧，智慧是那些已經經過深度整理，並和其他的記錄深度連結的知識。

你可能已經發現，事實上，以上分類並沒有完全遵循統一的標準，這是因為我們一方面要考慮因內容性質不同的分類，另一方面又要考慮為了管理和使用方便的需要而分類，這是 2 個不同的維度，二者不是並列關係，而是可以搭配和組合。對於內容的分類，每個人的需求不盡相同，我們提倡每個人尋求最適合自己的分類方式，不要拘泥於某種固定的方法。

明確了以上分類的方法，那我們在第二大腦裡每一次增加一則區塊時，都要把它歸入大類，並設置標籤。我的具體方法是，第一優先考慮能不能歸到專案中，項目雖然是臨時的，但對我們生活的影響卻是立竿見影的，我們的生活和工作事實上是以項目為中心的，我們要在生活中獲得成功，就要做好項目。只有穩步前進，取得一個又一個

有形項目的勝利，我們的生活才會有信心和動力。不管我們的記錄有多麼規整、多麼有條理、多麼深刻或者美觀，生活最終和行動直接相關，所以項目是最重要的。

在專案的頁面，我們要列出與某一個項目相關的所有記錄，某種程度上，你可以將專案的頁面理解為記錄專案所用到的所有資源的索引，就像一張專案地圖。例如，你現在看到的這本書，就是我的第二大腦中的一個項目，我有相當一段時間，都圍繞這個項目來做我每一天的日記，這本書就是在第二大腦這個平台中完成的。

其次，我也會考慮把這條記錄放置到一個反射區，即「領域知識」的頁面中去。當然，當一條記錄不屬於一個專案，我也一時難以確定它屬於哪個領域的時候，我就會把它暫時先放在日記的頁面。

最後總結一下，我們要努力做的，是把區塊或文件放在能發揮最大作用、能最快發生作用的地方。

關於第一大類的區塊「各個領域的知識」，全書還會不斷提及和闡述。下面我來講講如何處理第三大類的區塊，即「日常活動」的日記，以及它怎樣與第一大類和第

二大類的區塊連結起來，發揮更大的作用。

# 6

# 使用全新的、革命性的日記模式

　　日記是對一天生活的經歷和體悟的記錄和總結。我們很多人都會寫日記，寫日記的人也從日記中發現了很多好處，從中受益。我非常主張寫日記，回顧自己 30 多年求學和工作的經歷，有一點非常清楚，堅持寫日記的時候就是我人生精進、大踏步前進的階段，一旦停止記錄，自己的進步也隨之慢了下來。而在現在的第二大腦裡，日記的模式已經產生了一個革命性的變化，日記對人生的作用也將提升到一個全新的高度。這一點令我十分興奮和高興。

　　我們可以在「日記」（Journal）頁面寫日記，這也是這個頁面被稱為「日記」的原因。我們可以在「日記」頁面

記錄我們日常生活中所有的計畫、任務、行程以及活動。

　　例如，有朋友過生日，需要提醒自己給他準備一份生日禮物，這是一項需要完成的任務，如果今天是 10 月 1 日，可以在頁面設置圖 2-29 這樣的語句：

- ■ [LATER] 給王希準備生日禮物
  DEADLINE：<2022-10-05 Wed 11:00.+1d>

圖 2-29 一項需要完成的任務

　　其中「2022-10-05 Wed」表示截止日期，「+1d」表示每一天系統會提醒一次。2 號、3 號……一直到 6 號，這個任務都會再次出現在當天的日記中，系統會每天提醒一次，直到完成這項任務，在方框處打勾，它在系統內會變成圖 2-30 這樣：

- ☑ 給王希準備生日禮物

圖 2-30 任務已完成

　　因為經常有朋友過生日，我們還可以把這一條記錄設為「範本」，只要有朋友過生日，就可以快速調用它，只要把朋友的名字和日期修改一下就好了。

　　我們還可以對一個任務進行時間追蹤，計算完成它所用的時間。個人的任務多了，還可以把任務按照「已經完成」、「超時」、「正在進行」3個類別查詢出來，放到一個列表，以起到總結或提醒的作用。需要重複的任務（即一段時間內每天都需要做的事），或者到了時間還沒有完成的任務，它會更顯眼地出現在每天日記的下方，以防當天記錄的東西過多而被遺忘和忽略。直到我們將它完成為止，它才會消失，算是一種強力提醒。

　　假設：我為這個月定了一個目標，「體重減輕5,000克」，那我為這個目標做了哪些相關的努力呢？我每天的計畫和任務都可以加上這個目標的標籤「＃減重」，那一個時間階段內所有的日記頁面中計畫要做的任務都透過標籤關聯起來了。事實上，這就已經變成一個項目了，這個項目已經有了一個獨立的頁面——這就是它成為專案的標誌。在這個獨立的頁面中，可以看到我每天為這個目標制訂的計畫、做出的努力，以及計畫有沒有真的落實。我還

可以在這些頁面裡放置和這個目標相關的知識和筆記，方便我快速找到和這個任務相關的背景。到了月底，頁面還可以統計我跑了多少次步、一共幾千公尺等可以加總的數量。這個功能非常強大，目標、任務、行動與知識在這個頁面建立了關聯。

相比於傳統的日記，這無異於把每天的流水帳分門別類地整合起來了。目標不再是孤立靜態的東西，而是和相關的行動和知識連結起來了，有了不斷更新的、動態的細節支撐。也可以說，第二大腦中這種新的日記模式，把目標管理、任務管理和時間管理成功地融合到了一起，這也是第二大腦日記模式相比於傳統日記最大的不同：可以實現動態的整合和動態的分析。

例如，2022 年 10 月 28 日我學習摘錄了《NSCA-CPT：美國國家肌力與體能協會認證私人教練指南》這本書中有關健身的知識，根據這些知識制訂了目標和計畫。目標是每週減少體重 1,000 克，連續 5 週；計畫是 2 天 1 次有氧體能訓練、3 天 1 次阻力訓練、1 週 1 次柔軟度訓練，這個計畫從 10 月 29 日開始執行。這個專案的動態分析頁面見圖 2-31，圖 2-32。

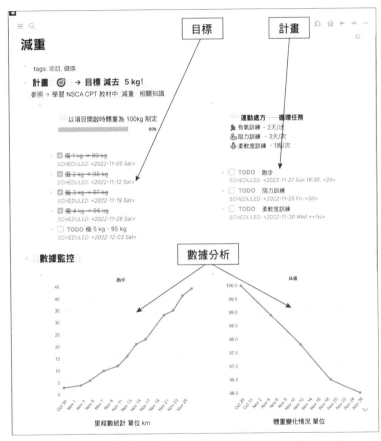

圖 2-31 融合目標管理、任務管理和時間管理的日記模式（1）

　　在第二大腦的日記中，對於日常生活的管理，還有很多動態整合和分析的方式，例如我喜歡給重要的活動加上

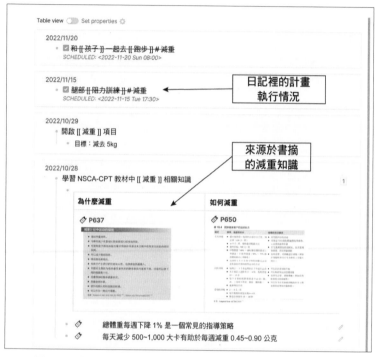

圖 2-32 融合目標管理、任務管理和時間管理的日記模式（2）

一個標籤：「＃重要行程」，那帶著這個標籤的區塊會自動彙集成一個頁面，我在月底、年底可以一目了然、清楚地看到我今年參加了哪些重要的活動，這達到了一個月記、年記的作用。類似的，我還建立了一個「＃重要日期」的標籤，它提醒我一年中有哪些具有紀念意義的日子，包

括世界讀書日、高考、立秋、世界阿滋海默症日、母親節、家庭成員生日、結婚紀念日等。這些記錄在積累一年之後，我對如何過日子就一點一點地增加了預見和掌控。

你可以看到，在下一頁的圖 2-33 中流溪河這條記錄中，它不僅有「＃重要行程」的標籤，還有「＃人生」「＃自然」2 個標籤，也就是說，上述記錄也將同時匯聚於這 2 個主題反射區，而這 2 個頁面是我設置的領域知識頁面。這說明，就像日記的記錄和專案的記錄（第二大類）可以融合在一起一樣，日常生活的記錄也可以和各個領域知識（第一大類）的記錄合成一體。這種動態的連結和整合能力是傳統的日記無法想像和企及的。

因為連續的記錄和動態的整合，我們就可以對自己的行為進行不斷的動態分析。你的人生目標、時間管理的成效、財務預算、體能訓練、健康狀況，都可以用提前預設的進度表來追蹤。你可以對自己的數位記錄進行排序篩選，發現你潛在的生活模式；透過類似的分析，你會發現自我的洞察力大大增強。

在傳統的日記本上記日記，我們可以做的分析是非常有限的，但在第二大腦裡，我們可以做大量的量化分析，

---

## May 18th, 2022

- 「大灣區科技之光」青少年公開課的參觀和準備:

  - 阿果,因為我明天不能陪同孩子們去現場參觀,我談幾個引導孩子們觀察的角度,供帶隊老師參考,以啟發孩子們的思考。

    1. 觀察流水線和輸送帶。大規模生產即起源於流水線和輸送帶的發明,它源於福特的汽車工廠。工人站在輸送帶前面,在輸送帶前面工作,這是一個革命性的變化,這和以前的差別是很小的,以前是讓工人從一台汽車走向另外一台汽車,而現在是把汽車從一個工序運到另一個工序的面前,當時一些人甚至認為福特在這個微不足道的小改變上,投入過多的熱情是浪費時間,但這種小調整後來證明帶來了的極大便利,後來經過科學家企業家的總結,才為人們所知。今天的流水線走向自動化,無人工廠又是一大革命性的變化,這是怎樣實現的?
    2. 觀察工序。任何一件產品的生產都有步驟和工序,這是經過專家科學的設計和分隔的。啟發孩子思考從無到有的次序,每個工序完成了什麼。今天的流水線從大規模製造走向個人化製造,又是怎樣實現的呢?
    3. 觀察機械臂。這是自動化的象徵之一。它是怎樣實現的?現在的機械臂和 20 年前不同,比如說有機器視覺(即人工智慧)的成分。除了機械臂,還有無人搬運車(Automated Guided Vehicle,AGV)。
    4. 思考資料在流水線上的作用。流水線上有哪些設備和裝置在收集資料?資料是怎樣傳遞的?很多時候,它在雲端傳遞,人們看不見。但它是個人化製造的核心。#重要行程

圖 2-33 重要行程的標籤(1)

Sep 20th, 2021

- 今天我們一家來到了流溪河的源頭從化呂田鎮桂峰山。流溪河長達
  150 公里，最寬處有 10 幾公尺，也有人稱之為廣州的母親河，我們
  看見的就是一股小小的山泉，很難相信這一細流，竟然滋養了一條大
  河，這是因為它久久為功、日夜不斷。流溪河一路彙集了眾多的溪流，
  這令我聯想到我們的人生，源於幼稚，但不斷地接納細流，有的時候
  是向一本書學習，有的時候是向一個人學習，集腋成裘，不因其小而
  拒之，終成其大。流溪河最後匯入珠江、流向海洋，複歸霧露。不管
  它流了多遠，最終又歸於無我。流溪河，河如其名。人生就應該像流
  溪河，不斷納細流。# 人生 # 自然 # 重要行程

    - 回家路上我們看到了寬闊的流溪河，回憶那一源頭山泉，我尤
      其相信人生必須久久為功。問河哪得寬如許，為有桂峰活水來。
      萬山不許一溪奔，攔得溪聲日夜喧。到得前頭山腳近，堂堂流
      水出前村。

    - 一山能折百溪澄，不聞水流韻自沈。奈何山影漸遠去，回回賞
      月是山村！步韻和詩一首，建華於美林湖畔。

圖 2-33 重要行程的標籤（2）

就像旋轉魔術方塊一樣容易，透過這些動態分析獲得更多
的自我進步。自我進步是指不依靠外部力量，透過自我洞
察、分析、行動調整而獲得的進步，第二大腦幫助自我進
步已經有很多案例，它是一個更大的運動「自我追蹤和量
化」（Self-Tracking & Quantified）的一部分。就這個意義
而言，第二大腦就像一位我們最親密的老師和教授，只要

我們願意向他諮詢，他就會為我們做出分析，我們就可能從中獲得自我洞察和自我進步。

例如，我可以用第二大腦統計過去一個月或一年中我進行了多少次體能訓練。我的運動形式主要有網球、跑步、快走和體操，這些資料不僅能分類、加總，還能以圖表的形式展現出來，透過發現每個月運動次數的變化和夏季和冬季運動量的變化等，我可以分析背後的原因和結果。如果你的資料量夠大，你還可以和 10、20 年前，甚至 30 年前做對比，例如等你將來 60 歲的時候，還可以和 3、40 歲的運動記錄進行對比。如果單憑我們的生物大腦和感覺，這些各種各樣、龐大複雜的分析是沒有辦法完成的，而第二大腦卻能透過圖表對比、分類排序、交叉分析等各種手段，將隱藏在背後的相關性都找出來。例如，有人從自己每天的步數發現自己走路一多，某個病症就會出現；有人把情緒資料和睡眠資料放到一起，發現心情不好的日子常常前一晚睡眠不好；還有人追蹤自己的食譜，發現自己的病症和某種食物有關係。

首先，我建議在第二大腦的日記中要進行動態分析的是我們怎樣使用時間。這也是我職業生涯中最經常使用、

最受益的自我分析和洞察。一個人一輩子最大的財富不是金錢，而是時間。這方面我受益於蘇聯學者亞歷山大・柳比歇夫（Alexander Lyubishchev，1890—1972）的著作《奇特的一生》，這本書詳細地介紹了柳比歇夫獨創的「時間統計法」。柳比歇夫記錄自己做每件事情所花費的時間，包括讀書、看報、散步、聊天、工作等，他在記錄完成之後，會每週、每月、每年進行統計、總結和分析，以此提高自己對時間的利用效率、調整未來的計畫、改進工作方法。因為他堅持實踐這個方法 50 多年，他擁有比普通人高很多的工作效率。據統計，柳比歇夫一生共發表 70 多本著作，總共 12,500 頁之多，涉及農業、遺傳學、生物學、科技史、哲學等領域。即使以專業作家而論，這也是非常了不起的成就。柳比歇夫用了很多時間和精力來管理、統計自己的時間，今天利用第二大腦，我們也可以輕鬆實現他總結的方法、宣導的理念。

　　以上，我們討論了建設第二大腦的第一步，如何透過記錄構建一個記憶體，這只是第二大腦的基礎。一個記憶體就相當於一個儲存裝置，如果我們想要發揮第二大腦的全部力量，第二大腦就必須超越記憶體。

　　要超越記憶體，那全部的記錄不僅要井井有條，可以隨時訪問和快速查閱，還要彼此連結，關鍵是形成一個網狀立體的結構。如果我們的第二大腦擁有一個清晰、準確、有序的網狀立體結構，它就可以輔助我們進行系統化的思考，甚至自動思考，提示我們創新的方向，產生我們以前不曾有過、別人也不曾有過的新想法，同時說明我們梳理、組織、明晰我們的價值觀，建立自己的價值體系，成就自我。這就要求我們在記錄每一個區塊的時候，要詳細闡述其中的關鍵點，讓區塊之間彼此發生有價值、有意義的連結。下一章，我們就要聚焦這樣的討論。

# 創建高級的
# 思考特質

創新是現代人最本質的特徵，
也是我們對人機協作最大的期待。

# 1

## 構建網狀立體的結構

　　這一章，我們聚集討論第二大腦一個更高階的功能：思考和創新。我們前面討論過，記憶記錄的是大腦對於外界資訊產生的印象；而思考呢？思考是要處理這個印象，梳理這個印象和其他印象之間的關係。

　　事實上，記憶是一回事，思考是另外一回事，記憶和思考這 2 種活動，甚至代表著 2 個幾乎相反的方向。一個是由外而內，人透過感官從外界接受紛繁複雜的感覺，成為印象。去記憶，就是去保護闖入我們大腦的某種東西，讓它不變，讓它留存；而思考則是由內而外，它從統一的自我出發，對原初的印象進行梳理，它不能僅僅依賴最初

的印象和外界的資訊，而是要透過自己的分析和判斷，讓印象在思維中重構，給它賦予新的次序，最終讓它成為自己知識體系或者網狀結構中的一部分。

但我們的第一大腦在絕大多數情況下，會滿足於獲得印象，拒絕思考。第一大腦好像與生俱來就擁有一個錯覺：認為凡事只要我們擁有了印象——只要我們記得，就認為「我們懂了」，甚至是「我們理解了」「我們掌握了」。事實上，從「印象」到「認識、理解和掌握」的道路是非常遙遠的，也是非常崎嶇的，而許多人不過是這裡走走、那裡看看的漫遊者。因為懶散、軟弱、沒有毅力，永遠停留在「印象」附近，無法抵達真正的「認識和掌握」。

思考的目的是去認知、理解、掌握事物的本質。德國哲學家卡爾・馬克思（Karl Marx，1818—1883）甚至認為，事物的本質，就等於它和其他事物關係的總和。所以只要掌握了它和其他事物的關係，就能掌握事物的本質。

那我們的第二大腦應該如何開啟思考之旅呢？

每當我們產生一個新的想法，在第二大腦中添加一個新的區塊的時候，我們要意識到，我們是把這個塊放置到

一個網路中。這個新的塊不能是孤立的，它必須和這個網路中的其他節點發生連結，從而構造一個新的網狀結構，支撐起一個新的立體空間。這個網狀結構和立體空間才是第二大腦的價值所在。

我們前面談到，區塊是透過標籤來發生連結和聯繫的，標籤就是第二大腦神經元的突觸，它像一個鉤子一樣，連結起其他區塊，具有同一個標籤的區塊將自動歸類匯聚，形成一個反射區（即頁面）。要構造網狀立體的結構，就是要在多個維度上給第二大腦的每一個神經元定義標籤，當關聯的關係足夠多，網狀結構就會產生。我主張給每個區塊都打上 3 個左右的標籤，因為 2 點成線，3 點成面，4 點就能構建一個立體空間，用立體結構來組織資訊和關係，遠比用平面的線性結構、輪廓結構更加有效。

那怎樣在多個維度上定義標籤呢？我們從例子說起。下面這段話是我在 2021 年 9 月閱讀《技術哲學導論》這本書時做的一條摘錄筆記，我把這條筆記放在 Logseq 的日記裡，當你讀完它就會發現它把事情講得很清楚，即主題觀點很鮮明，那我們是不是可以給這則區塊打上 3 個標籤：「＃人性」、「＃異化」、「＃技術」（見圖 3-1）。

> • 在海德格看來，人也是一種工具，其目的是生產，但他生產的物件並不是一個外在的東西，而是自己，它指向自我實現。一般人在大多數情況下都是「常人」，即隨波逐流的工具人，他並沒有真正關切自我實現的需要，他關切的是如何滿足他人的要求和匹配社會的需要，另一方面， 技術 作為人的延伸或鏡像，在某種意義上也是有 人性 的，除了作為被動的工具之外，可能也具有某種意義上的自主性。一種衝突和矛盾於是出現了。這就是 異化 。 # 人性  # 異化  # 技術

圖 3-1 從資訊內容中選用關鍵字作為標籤

　　你也很容易發現，這 3 個詞都已經包括在文本中。但我現在要告訴你，這 3 個標籤，在某種程度上都是多餘的，或者說其意義不大。為什麼呢？這是因為今天的搜尋引擎功能已經非常強大，可以對全部塊做全文檢索搜尋，只要包含特定字元的塊，都可以一一定位。假設我們沒有給這個塊打上「＃人性」的標籤，如果我們在所有塊中搜尋「人性」這個詞彙，仍然可以找到這個塊。事實上，不知道你還記得嗎？即使不打「＃人性」這個標籤，這個區塊也會出現在「人性」這個反射區，但它出現的部位是第三區域，即這個反射區的無連結引用區域（Unlinked Reference）。

　　這啟發我們，如果我們採用一個塊中已經出現的詞作

為標籤，其意義將是有限的，因為我們透過關鍵字搜尋就可以直接檢索到。那我們是不是應該選擇一個塊資訊中沒有出現的詞做標籤呢？那樣做會不會更加有效？這個詞又從何而來呢？

　　這就需要我們在新的維度上去思考和定義標籤。一般來說，我們習慣於使用和資訊內容直接相關的詞語作為標籤，但事實上，除了與資訊內容直接相關的標籤，還可以有其他類別的標籤，可以和資訊的內容無關。例如，可以有場景標籤、思維模式標籤、修辭標籤等，我想強調的是，我們定義標籤的時候固然要首先考慮資訊的內容，但和內容不相關的標籤也同等重要，我們要避免厚此薄彼。

　　一、場景標籤：即想像一下這則資訊未來可能會在何種場景下被使用，用場景的關鍵字來定義標籤。常見的場景有：地點、事由、時間、重要程度、完成情況、責任人、截止日期等等。例如，一段話、一張圖片、一段影片，我未來可能用到 PPT 中去，我就打上「#PPT」的標籤。這是因為我經常要給邀請方做講演和報告，需要不斷為 PPT 收集準備素材。這個標籤就是一個提示，提示這個

區塊是 PPT 素材。

二、思維模式標籤。這是我最重要的一類標籤，也是我建議你必須要有的一種標籤。一個真正的聰明人並不是什麼都知道，而是透過模型擴展來認識和理解新的事物。有一些理論或模型有非常廣泛的應用空間，所以我們要為第二大腦構建一個思維模型的工具箱。之所以說是「箱」，是不能侷限於一個思維模式，要有多個為好。在我的第二大腦中，有「平衡」、「對比」、「連續」、「主動」、「悖論」等標籤，都和思維模式有關。例如「連續」，它表明的是所有的事情發展過程都是漸進的，很難確定質變的臨界點（見圖 3-2）。

三、修辭標籤。如果這個塊中使用了修辭，而且修辭手法成為它的重要亮點，那我會給它加上一個關於修辭手法的標籤，例如比喻、誇飾、雙關、象徵、模糊（模棱兩可）等，之所以做出這樣的標籤，是因為修辭在我們日常生活中有非常重大的作用。我們說話、寫作、和他人談心、試圖說服他人都離不開修辭手法。

四、其他個人化的標籤。例如我認識到，孩子們不喜歡聽大人講道理，但他們非常歡迎故事，好的家庭教育必

連續

- 我們常常說一句話，從量變到質變，量變是逐漸的漸進的，質變是跳躍的。我們可以說從 A 點到 B 點產生了質變，在 A 點和 B 點之間是一個量變的過程，但是我們很難確定具體在哪個點上產生了質變。這個道理就好像我們人類經過了數百萬年的進化，從猿到人，但事實上我們沒有辦法確認到底是哪一代發生了質變，她媽媽是一個猿，而她女兒就是一個人。＃進化

  - 所以我們自己身上的變化，需要量變的累積，一定是個漸變的過程，很難找出一個點，說你剛剛成功地完成了某種改變。植物開花、果樹結果都是這個道理。＃自知

- 古希臘也有個傳說，為了紀念殺死怪獸的英雄忒修斯（Theseus），人們保留了他出征的船。久而久之，為了保持船隻完好，船上的木板一塊塊都被替換過了，終於有一天，有人問了，這艘船還是忒修斯之船嗎？如果是，它已經沒有任何一塊最初的木頭了；如果不是，那從什麼時候開始不是的？如果用忒修斯之船上取下來的老部件再造一艘新船，兩艘船中哪艘才算得上是真正的忒修斯之船？＃智慧

- 東晉有位和尚，叫僧肇，他在《物不遷論》中說道：「梵志出家，白首而歸。鄰人見之曰：『昔人尚存乎？』梵志曰：『吾猶昔人，非昔人也』。」我是梵志，但我已經不是過去的梵志。按僧肇的觀點，我和過去的我不是同一個人。＃自知

  - 科學回答「我」的問題依然任重而道遠。難怪三拳剷除黑惡勢力鎮關西的魯提轄，忽然想明白了其中的道理就棄紅塵而去了，留下一個著名的偈語：「平生不修善果，只愛殺人放火。忽地頓開金繩，這裡扯斷玉鎖。咦！錢塘江上潮信來，今日方知我是我。」

圖 3-2 思維模式標籤「＃連續」

須在餐桌上穿插一些故事，所以我特別注意收集有情節、有意義的故事。在我的標籤體系裡就有「#神話」、「#故事」、「#寓言」這3個標籤。

　　總的來說，我設置場景式、思維模式、修辭手法等非內容標籤都是為了實用，這也是建設第二大腦的基本目標：以用為先，所有的工作都是為了未來的使用。你的頭腦裡必須一直要有這個指導思想，你在為記憶體添加任何新的區塊的時候，就要想如何方便自己未來去使用它。資訊只有在投入使用時才會成為力量，否則就是擺設，最後的命運就是被遺忘。很多人熱愛學習，兢兢業業不斷地為自己收集資訊，但收集來的很多資訊卻很少使用，甚至從來不用，這是建博物館，不是建第二大腦。

　　面對一個具體的區塊，我們怎樣給它設定標籤呢？或者說，我們怎麼構建它和其他塊之間的網狀立體結構呢？首先，我們要對內容型標籤和非內容型標籤2種標籤並重，其次是要關注細節，從區塊的細節中發掘它和其他區塊之間的連結。下面我們來看2個例子：

　　第一個例子，有一天我發現：在英語中指代不同的動

物群有不同的量詞。例如一群狼用的是「pack」：a pack of wolves；一群獅子是 a pride of lions；一群大象是 a parade of elephants；一群斑馬是 a zeal of zebras；一群鹿是 a herd of deer；一群羊是 a flock of sheep；一群烏鴉是 a murder of crows；一群魚是 a school of fish；等等，而在中文中，這些不同的量詞 pack, flock, murder, school 等只有一個字和它們相對應，就是「群」。

我們應該怎樣處理這則資訊呢？首先這是一個語言現象，這個現象可以歸納為一句話：在英語中，表示一群動物時，不同的動物有不同的量詞。我首先想到我小時候剛剛啟蒙學英語的時候，發現在英文中指代男孩和女孩、男人和女人有不同的詞：boy, girl, man, woman, he, she。我意識到：相對於漢語，英語單詞的區分度可能更高；就語言而言，區分度高就意味著更加精確。那我們能不能在第二大腦裡寫下這樣一則區塊：

在英語中，表示一群動物時，不同的動物有不同的量詞。這可能代表英文比中文精確。

　　不行！這是一個由現象歸納而得出的結論，一般來說，我們傾向於記住結論，會認為結論比「現象」還重要，其實不是！想像一下，過1、2個月之後，當你再看到這句話，你可能就會覺得困惑，這些動物指的是什麼動物，是哺乳動物還是爬行動物？包不包括螞蟻、魚還有細菌呢？記錄一定要記錄細節和前提，而不是結論。結論甚至都可以不記，但細節和前提卻不可以不記。這是因為，結論總是建立在知曉細節的基礎之上的，如果我們掌握了細節，那從細節可以推導出結論。但如果我們只是知道一個結論，而不知道這個結論是怎麼來的，或者不知道基本的邏輯，那就等同於不知道這個結論。

　　而當我們記下細節，就會從細節中聯想起更多的內容，甚至為此創造新的任務去搜尋更多的內容。例如，從細節中我們還可以思考為什麼指代斑馬時用的量詞是「zeal」，這是因為「zeal」的本意是熱情，斑馬在西方的文化中具備熱情的意象；而烏鴉用的是「murder」，因為烏鴉常常代表凶兆，和謀殺有關；而指代獅子的量詞代表自尊（pride）；大象使用了代表次序和雄壯的量詞「parade」等，這其實都是暗喻，透過不同量詞的暗喻，

達到了更加生動形象的目的。

如果就這則資訊的內容而言，我首先要定義的標籤可能是「量詞」，但我不是語言專家，這不是我關注的重點。在我的第二大腦裡，我確實有一個「語言」的反射區，我會在語言的反射區裡寫下這則區塊，先依次記錄英語中表

語言

• 在英語中指代不同的動物「群」有不同的量詞。例如一群狼用的是「pack」：a pack of wolves；一群獅子是：a pride of lions；一群大象是：a parade of elephants；一群斑馬是：a zeal of zebras；一群鹿是：a herd of deer；一群羊是：a flock of sheep；一群烏鴉是：a murder of crows，一群魚是：a school of fish；等等，而在中文中，這些不同的量詞：pack, flock, murder, school 等只有一個字相對應，都是：「群」。
# 中西 # 精確 # 比喻

  • 指代斑馬時用的量詞是「zeal」，這是因為「zeal」的本意是熱情，斑馬在西方的文化當中具備熱情的意象；而烏鴉用的是「murder」，因為烏鴉常常代表凶兆，和謀殺有關；而指代獅子的量詞代表自尊（pride），大象使用了代表次序和雄壯的量詞「parade」等，這其實是暗喻，透過不同量詞的暗喻，達到了更加生動形象的目的。

  • 在英語中，表示一群動物時，不同的動物有不同的量詞，相對於漢語，英語單詞的區分度更高，例如在英文當中指代男孩和女孩、男人和女人有不同的詞：boy, girl, man, woman, he, she，就語言而言，區分度高就意味著更加精確。

圖 3-3 區塊的記錄

示動物群的這些不同量詞的用法，然後解釋背後的原因，最後再寫下我思考的結論，然後再給它打上標籤。根據以上的分析，我最後給它打上了「＃中西」「＃精確」「比喻」3 個標籤（我長期關注中西文化傳統的交流和對比，所以專門設置了「＃中西」這個頁面和標籤，見圖 3-3）。

我想強調的是：我們的目標是要為一個區塊創造精準的、多維的連結，這種連結不僅僅是內容的，還可以是思維方式的、修辭手法的，如果把連結僅僅侷限於內容，那就很難做到多維。只要我們關注細節、研究細節，我們就能洞察出更多的連結。

我們來看第二個例子：

「平生不修善果，只愛殺人放火。忽地頓開金繩，這裡扯斷玉鎖。咦！錢塘江上潮信來，今日方知我是我。」一摘自《水滸傳‧第 119 回》。魯智深在浙江六和寺中坐化後留下一偈子。重讀《水滸傳》對這句話印象深刻。

看到這段資訊我首先想到的是，人要認識自己是非常困難的。作者在這裡講了其中一個原因，人們為金繩玉鎖

第三章　創建高級的思考特質

代表的富貴榮華所束縛，看不到自己的真實所在。所以我首先根據其內容，把這則記錄放置到「＃自我」這個主題反射區。

其次，中國佛家的偈子有鮮明的特色。我在自己的第二大腦中設置過「禪／宗教」（這是一個分層標籤，即「＃禪」是「＃宗教」的子標籤）的主題反射區，有一個塊專門對「什麼是偈子」進行了介紹。我決定把這個介紹偈子的塊連結到現在這個新塊中。

再次，善良的行為像果實一樣，是一點點慢慢長大的，今天看和昨天看沒區別。而殺人放火、毀滅財物，為罪大惡極之行為，一目了然。頭腦頓開屬被動，一把扯斷是主動；錢塘江潮又急又快，和今日方知之「慢」；這些現象之間都存在對比。人們無論是看風景，還是看文字，都喜歡有懸殊的對比，所以，我又給它打上了「＃對比」的標籤。

最後，錢塘江大潮是中國一大自然奇觀，中國多有詩文描述其壯觀，我在杭州生活過 4 年，也親眼看過，這是我人生的一個有趣和寶貴的經歷。所以我又為這個塊打上一個「＃自然」的標籤。現在它是圖 3-4 這個樣子：

---

自我

- 「平生不修善果，只愛殺人放火。忽地頓開金繩，這裡扯斷玉鎖。咦！
錢塘江上潮信來，今日方知我是我。」摘自《水滸傳‧第 119 回》，
魯智深在浙江六和寺中坐化後留下一偈子。重讀《水滸傳》對這句話
印象深刻。＃禪/宗教 ＃自然 ＃對比

  - 認識自我是非常難的。金繩玉鎖代表富貴榮華，眾生為其所縛，這
  頓開與扯斷，正是一種破壞性的超脫。

  - 關於偈子的介紹 ◄─────────────────── 跳轉連結

  - 善果：像果實一樣一點點慢慢長大，今天看和昨天看沒區別。殺人
  放火，殺害人命、毀滅財物，為罪大惡極之行為，一目了然。頓開；
  是被動、扯斷，是主動；錢塘江潮：快，暗中指快、大，和今日方
  知之慢產生對比。人看風景、文字，都喜歡有懸殊的對比。

---

圖 3-4 精準的、多維的區塊連結

請注意到，這個地方「關於偈子的介紹」帶有底線，
它是一個連結，一點擊將會跳轉到圖 3-5 所示的區塊。當
你想引用其他資訊的時候，什麼時候用嵌入、什麼時候用
連結呢？我的標準是視引用塊和本區塊關係的遠近，如果
非常相關，則嵌入，因為嵌入的區塊你可以直接修改；如
果僅僅是背景，則用連結，只要方便查看就行。但一個重
要的原則是，我們在為第二大腦錄入新的區塊的時候，要

儘量把具有強關聯關係的塊放到一起。

---

**禪/宗教**

- 偈子：佛家講究「悟」。在佛家的修行裡，如果有幾句話可以對你的人生產生醍醐灌頂的作用，幫助你開悟，即認識上一個層次，我們就叫它偈子。#智慧

- 關於偈子最有名的故事是：五祖宏忍令諸僧各出一偈，上座神秀說道：「身是菩提樹，心如明鏡台。時時勤拂拭，莫使有塵埃。」五祖評價上座神秀的偈子「美則美矣，了則未了」。六祖惠能聽了念一偈曰：「菩提本非樹，明鏡亦非台。本來無一物，何處染塵埃？」從而獲得五祖的衣缽傳承。

---

圖 3-5 跳轉連結所指示的區塊

「#自我」、「#禪/宗教」、「#對比」和「#自然」，這是 4 個完全不同的維度，打上這 4 個標籤，我們就為這個區塊在第二大腦的空間中創造了一個網狀立體的結構，這也意味著我們在第二大腦中對這個區塊進行了 4 次處理和轉換。當我們學習的過程涉及理解和轉化的操作愈多，學習的有效性和強度就愈大，我們對這條資訊的記憶就會愈牢固、理解就會愈深刻。

# 2

## 洞察、發現新的連結

　　為一個神經元定義標籤的過程，是人為構建網狀立體結構的過程。任何一個新的神經元、新的想法，都有其新意所在，但它肯定不是全新的想法。孫悟空從石頭裡蹦出來了，沒有任何親戚，那是神話。任何一個想法，都像人一樣，會有它的父母兄弟、堂兄堂姐、表哥表妹，我們為它定義標籤，就好像在尋找、確認這種血緣關係，在確認之後，一個新的網狀立體結構就自然形成了。

　　但這個結構到底構建得好不好、符不符合實際，我們並不知道。

　　可以肯定的是，在很多時候，我們會遺失一些關係。

因為當神經元太多，關係可能變得非常繁複，而我們的第一大腦就洞察不到，或者處理不過來。有個著名的六度空間理論（Six Degrees of Separation），它說的是：這個世界是個網路，很多人擁有共同的關係；所以你和任何一個陌生人之間所間隔的人不會超過 6 個，也就是說，最多透過 6 個中間人你就能夠認識任何一個陌生人。例如，你不認識美國的現任總統拜登，但你只要透過不到 6 個人的中間關係，就可以認識他。

問題是這 6 個人是誰？我們要把他們找出來才能真正認識拜登，問題才能真正解決。我們的第一大腦當然很難計算出來，但第二大腦就能在這個問題上有所作為。第二大腦提供了一個叫「圖譜」的工具來幫助我們洞察事物之間潛在的連結。你將會看到，這個功能是我們的生物大腦無法完成的。

如下一頁的圖 3-6 所示，在 Logseq 裡，所有的主題反射區（頁面），都可以透過「圖譜」的功能自動生成相互連結的圖譜，選擇一個「節點」就可以顯示所有與它連結的反射區，我們可以選擇任意一個節點，並透過「圖譜」來顯示和這個節點有連結關係的其他節點。所謂的「節

點」,是在圖譜中的叫法,節點在第一大腦中就是反射區,在第二大腦中它就叫頁面。所以,它們就是同一個東西:

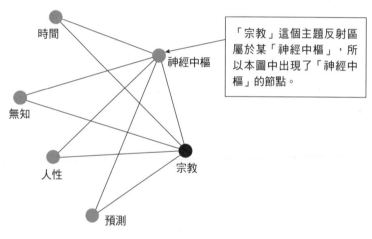

圖 3-6 「宗教」反射區的頁面圖譜

說明:Logseq 的知識圖譜還不太完善,我理想中的知識圖譜,一點擊 2 個頁面之間的連線就應該能跳到它們關聯的塊。2 個頁面之間連結線條的粗細也可以表示連結和關係的強弱。

相信你會和我有同感,圖譜看著非常的爽,特別是全域圖譜,它以直觀的方式展示了所有關係,相信你現在已經意識到,如果沒有精心雕琢的標籤體系和雙鏈關係,圖譜的作用將會相當有限,很難起到什麼實質性的作用。反

之，如果你擁有精心打造的標籤體系，那圖譜會非常強大，發揮難以想像的作用。雖然我的第二大腦還在建設中，這裡只能談及一些有限的經驗，但我已經透過一些實例體會到了圖譜令人驚訝和意外的力量，我深信隨著區塊的增多和標籤體系的豐富完善，圖譜還將發揮難以限量的極大作用。

圖 3-6 這個圖譜並不複雜，它表明，黑色的宗教反射區和「預測」、「人性」、「無知」、「時間」這幾個主題反射區都有連結，當然，這些連結是因為構成這些頁面的神經元之間有關係而造成的。「宗教」和「預測」有連結，因為我可以想像，很多宗教都宣稱它們可以預測未來；「宗教」和「人性」有連結，我也可以想像，信仰是人最根本的精神需要；「宗教」和「無知」有連結，我也還可以想像，很多人因為無知才盲目信仰宗教。但是，「宗教」和「時間」這 2 個反射區之間會有什麼連結呢？當我看著這張圖譜的時候，我真的想像不出來！

我的第一大腦也沒有辦法回憶起我在完善這 2 個反射區的過程中，究竟在它們的神經元之間定義了什麼樣人為的關係？

　　但我可以在第二大腦中追蹤查看這個關係是怎麼產生的，並完成這個追蹤之後，我恍然大悟，這條關係的產生是源於圖 3-7 中的區塊。這個區塊對何為「永恆」進行了闡述？幾乎所有的宗教，都要回答「什麼是永恆」這個問題，而永恆本質上又是一個時間問題，所以兩者有關聯。

　　以上透過圖譜的這個發現讓我對「宗教」和「時間」這 2 個概念都加深了認識。我常常在一個主題反射區（頁面）接近於豐滿、完善的時候，調看其頁面的圖譜，類似這樣的發現讓我對一個反射區和其他反射區的關係加深了認識，加快了一個反射區成熟的過程。

　　現在，我們來看圖譜帶來的一些更有意思、更細緻、更隱祕的發現。例如，圖 3-9 是我用圖形分析（Graph Analysis）的 Adamic Adar 演算法做出的圖譜分析。你看到灰色的圓點「孤獨」是一個主題反射區，這個截圖以「孤獨」為中心節點，計算了其他節點與其的相關度；黑色的大節點擁有較高的相關度，在節點旁邊有個數值，數值愈大說明二者愈有可能相關，0 則表示無任何關聯。

　　在進一步探索之前，我們有必要簡單了解一下這個相關度計算背後的 Adamic Adar 演算法，它的公式是：

宗教

- 你們常常看到過海邊的沙灘，那沙粒是多麼的細呀，要多少這樣細小的沙粒才能聚成孩子們在沙灘玩耍時抓在手裡的一把沙子呢？現在你們想想，用那種沙粒堆成的高山，它有 100 萬英里高，從地面直聳入雲霄，有 100 萬英里長，一直延伸到遙遠的地方，而且有 100 萬英里那麼寬。再想想，這個由無數細小的沙粒堆成的無比巨大的山峰，還像樹林裡的樹葉，大海裡的水滴、鳥身上的羽毛，魚身上的鱗甲、動物身上的毛髮，無限的空氣中的原子一樣不停地成倍增長著。還要想一想，每隔 100 萬年將有一隻小鳥飛到這裡，用它的嘴銜走山上的幾粒沙粒，那將要經過多少個百萬個世紀，那隻小鳥才能把那座山銜走，哪怕是一立方英尺那麼一塊地方呢？要多少年、多少世紀才能把整座山銜走呢？然而在我們剛才所說的這個無限長的時間結束以後，對永恆來講，確實連一分鐘也不曾減少，在那無數億萬年、無數兆萬年之後，永恆幾乎還沒開始，而如果那座山在完全被銜走之後又重新生長出來，如果那鳥又來一粒一粒地把它全部銜走，而它又長了出來，如果這座山這樣一漲一落經過的次數，像天上的星星，空氣裡的原子，大海裡的水滴，樹林裡的樹葉，鳥身上的羽毛，魚身上的鱗，獸身上的毛髮一樣多，而在這無比巨大的高山經過無數次的生長和消滅之後，永恆也仍然不能說已經減少了一分鐘，甚至在那時候，在那麼一段時間之後，再經過我們想一想就會頭昏眼花的無數億萬年的時間之後，永恆幾乎還沒有開始 ＃時間

  - 不管現在過去了多久，幾千幾萬幾億年，未來的時間一點一分鐘都沒減少，這就是永恆。

圖 3-7 關聯「宗教」和「時間」的一個神經元

---

## 1. History and explanation

The Adamic Adar algorithn was introduced in 2003 by Lada Adamic and Eytan Adar to predict links in a social network ↗.

It is computed using the following formula:

$$A(x,y)= \sum_{u \in N(x) \cap N(y)} \frac{1}{\log|N(u)|}$$

where N($u$) is the set of nodes adjacent to u.

A value of 0 indicates that two nodes are not close, while higher values indicate nodes are closer.

The library contains a function to calculate closeness between two nodes.

---

圖 3-8 Adamic Adar 演算法公式

如果把 2 個節點比作 2 個人，以上演演算法的原理用通俗易懂的話解釋就是：

一、如果甲、乙 2 個人的共同朋友愈多，則這 2 個人的關係就愈密切。

二、如果甲、乙 2 個人的共同朋友丙、丁交友很謹慎（連結的人少），那甲、乙 2 個人的關係就可能更密切，因為他們的中間人很可靠。

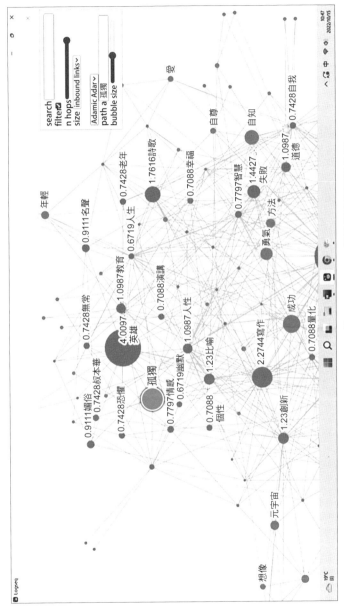

圖 3-9 用 Graph Analysis 的 Adamic Adar 算法做出的圖譜分析

　　其中，「共同」對應求和變數中的「交集∩」；謹慎程度用 1/log（N（u））表示；N（u）愈小，說明 u 這個人交友愈謹慎，進而 1/log（N（u））愈大，反映的是 x 和 y 關係更密切。關於這個演算法，我們現在了解這麼多就行了。

　　如下表所示，我們可以看到，得分最高的節點是「英雄」（4.0097），其次是「寫作」（2.2744），接下來是「詩歌」（1.7616）和「失敗」（1.4427），然後是「創新」和「比喻」並列（均為 1.23）。這表明的是，在「孤獨—英雄」、「孤獨—寫作」、「孤獨—詩歌」等 7 對關係中，「孤獨」和「英雄」這組關係最為密切。如果把「孤獨」和「英雄」視為 2 個人，那他們的共同朋友最多，而且他們和共同朋友的關係也很牢靠，表現為得分最高：4.0097。

| 關聯詞 | Adamic Adar 演算法得分 |
|---|---|
| 孤獨—英雄 | 4.0097 |
| 孤獨—寫作 | 2.2744 |
| 孤獨—詩歌 | 1.7616 |
| 孤獨—失敗 | 1.4427 |
| 孤獨—創新 | 1.23 |
| 孤獨—比喻 | 1.23 |
| 孤獨—叔本華 | 0.7428 |

表 3-1 不同關聯詞的 Adamic Adar 演算法得分

　　我們可以先用常識來理解以上相關度的數值，最高的節點是「英雄」，這是符合邏輯的，因為英雄常常不為身邊的人所理解，所以孤獨；寫作是一個人的長期艱難跋涉，反覆曲折的過程無人陪伴，當然也孤獨；孤獨是「詩歌」的重要主題，被歷代詩人詠唱；一個人「失敗」了，他就會被藐視，無人問津當然孤獨，這都可以理解，但「孤獨」和「創新」之間的關係是什麼？為什麼它的得分與「孤獨」和「比喻」一樣高？它們之間是否隱藏了某種潛在的關係，這個表的這組資料啟發了我的興趣和思考。

　　現在我再用 Graph Analysis 的 Cocitation 演算法做一個分析，得到下一頁的圖 3-10 的結果：

　　在進一步探索之前，我們還要了解一下 Cocitation 和 Adamic Adar 演算法的區別。顧名思義，Cocitation 是共同引用的意思，如果再把 2 個節點比作 2 個人，那 Adamic Adar 關心的是這 2 個人有沒有、有多少共同的朋友。但 2 個人之間發生了什麼事情，Adamic Adar 並不關心，而 Cocitation 關心的是 2 人之間發生的事情。再打個比方，如果一個私人偵探調查 2 個人的商業關係，Adamic Adar 關心的是他們有沒有共同的合作夥伴，而 Cocitation 關心的是：

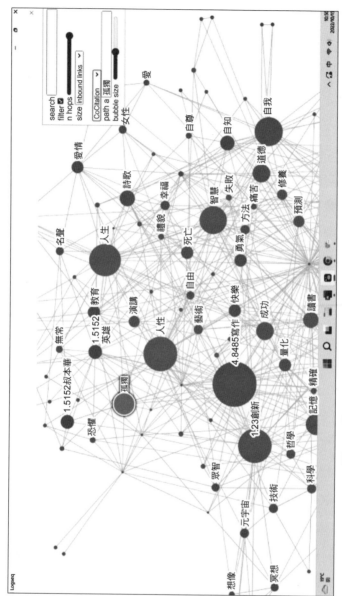

圖 3-10 用 Graph Analysis 的 Cocitation 演算法做出的圖譜分析

2 個人同時出席在同一個場合的次數──即同時引用。

為了方便比較，我們下面把 Adamic Adar 和 Cocitation 2 個演演算法分析的值放到同一個表格裡面（見表 3-2），我們最早發現的意外得到了確認，「孤獨─創新」確實存在共同的關係，但從來沒有同時出現過；除此之外，我們竟然又發現了第二個意外！那就是「孤獨─失敗」的共同關係是我們可以透過常識推斷的，它們的關係得分甚至比「孤獨─創新」還要高，但它們在我的第二大腦裡也從來沒有共同出現過！當然，我們還發現，「孤獨─詩歌」也是這樣，但「孤獨─詩歌」之所以這樣，我很快就可以解釋，因為雖然很多詩歌的主題是孤獨，但詩歌強調的意象，「孤獨」這 2 個字不出現是完全可以理解的。

| 關聯詞 | Adamic Adar 演算法得分 | Cocitation 演算法得分 |
|---|---|---|
| 孤獨─英雄 | 4.0097 | 1.5152 |
| 孤獨─寫作 | 2.2744 | 4.8485 |
| 孤獨─詩歌 | 1.7616 | 0 |
| 孤獨─失敗 | 1.4427 | 0 |
| 孤獨─創新 | 1.23 | 0 |
| 孤獨─比喻 | 1.23 | 0.303 |
| 孤獨─叔本華 | 0.7428 | 1.5152 |

表 3-2 不同關聯詞的 Adamic Adar 演算法和 Cocitation 演算法得分對比

現在我們把所有資料放到一個表格中對比，並且列出
相應的觀察和解釋（見表 3-3）：

| 關聯詞 | Adamic Adar | Cocitation | 相關解釋 |
|---|---|---|---|
| 孤獨—英雄 | 4.0097 | 1.5152 | 共同的關係最多，但文本字元共同出現的次數不是最多 |
| 孤獨—寫作 | 2.2744 | 4.8485 | 文本字元共同出現的次數最多，但共同的關係不是最多 |
| 孤獨—詩歌 | 1.7616 | 0 | 存在共同的關係，但文本字元共同出現的次數為零 |
| 孤獨—失敗 | 1.4427 | 0 | 存在共同的關係，但文本字元共同出現的次數為零 |
| 孤獨—創新 | 1.23 | 0 | 存在共同的關係，但文本字元共同出現的次數為零 |
| 孤獨—比喻 | 1.23 | 0.303 | 存在共同的關係，也存在文本字元共同出現，但前一個數值相對更大 |
| 孤獨—叔本華 | 0.7428 | 1.5152 | 存在共同的關係，也存在文本字元共同出現，但後一個數值相對更大 |

表 3-3 不同關聯詞的 Adamic Adar 演算法和 Cocitation 演算法得分及解釋

如表 3-3 所示，「孤獨」和「創新」並沒有直接相
連，而是透過「比喻」和「資料」這 2 個中間人，才發生
的關係：

## 孤獨—比喻—數據—創新

　　前面我介紹過，我的日常工作需要進行大量的演講和寫作。本質上，這是一個運用語言的工作，它要求我在講述任何一個概念的時候，都要運用修辭手法，以求得生動的效果，給聽眾留下深刻印象。所以我設置了「比喻」的標籤。但本質上，這是一個特殊類別的標籤，我可以從我的圖譜分析中把它拿掉。我的意思是，現在「孤獨」和「創新」之間的最短路徑是「孤獨—比喻—數據—創新」（見下一頁的圖 3-11），我想看看如果我拿掉「比喻」的節點，它們之間的關係還存在嗎？數值又會有多大？如果仍然存在，那就更能說明問題（見第 161 頁的圖 3-12）。

　　在 Logseq 裡面，你可以在圖譜中遮蔽任何一個節點。在我遮罩了「比喻」的節點之後，再次調用 Adamic Adar 演算法測算了「孤獨」和各個節點之間的相關度。我把前後的值放在同一個表格中（見第 162 頁的表 3-4）：

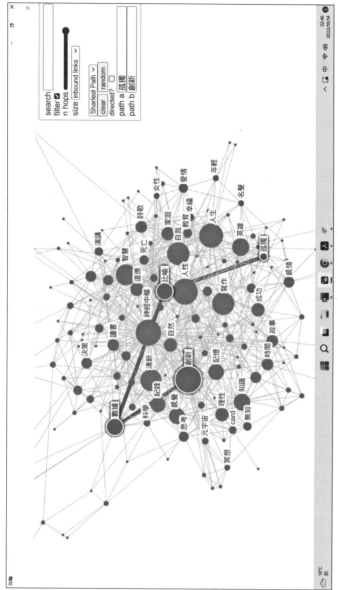

圖 3-11 「孤獨」和「創新」2 個頁面之間的最短路徑

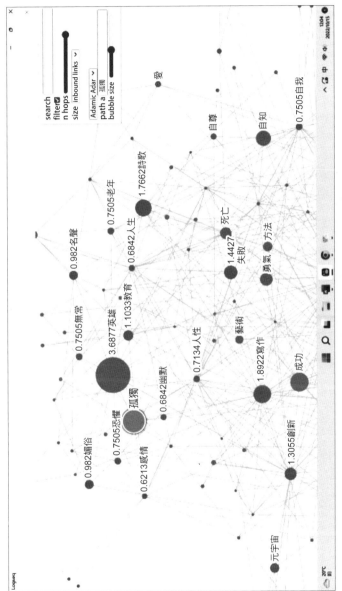

圖 3-12 遮蔽「比喻」節點之後的圖譜分析

161

| 關聯詞 | Adamic Adar 演算法得分 | Adamic Adar 演算法得分（去除節點「比喻」） |
|---|---|---|
| 孤獨—英雄 | 4.0097 | 3.6877 |
| 孤獨—寫作 | 2.2744 | 1.8922 |
| 孤獨—詩歌 | 1.7616 | 1.7662 |
| 孤獨—失敗 | 1.4427 | 1.4427 |
| 孤獨—創新 | 1.23 | 1.3055 |
| 孤獨—比喻 | 1.23 | — |

表 3-4 遮蔽「比喻」節點前後 Adamic Adar 演算法得分的對比

　　表 3-4 表明，即使去除「比喻」的節點，在圖譜分析中「孤獨—創新」仍然擁有較高的值 1.3055，甚至比有「比喻」節點存在的前值「1.23」還要更大。下面我們再做一個最短路徑分析，如圖 3-13，兩者之間的最短路徑變為「孤獨—幽默—寫作—創新」。

　　分析至此，我們可以清晰地下一個判斷，在我的第二大腦裡，「孤獨—創新」存在潛在的關係，它們擁有共同的「朋友」，但從來沒有出現在共同的場合。「孤獨—失敗」也一樣，我應該發掘、思考它們的具體關係。一個最簡單的做法，就是可以圍繞這個主題收集資料，以豐富我的第二大腦，建立起它們之間的明顯連結。

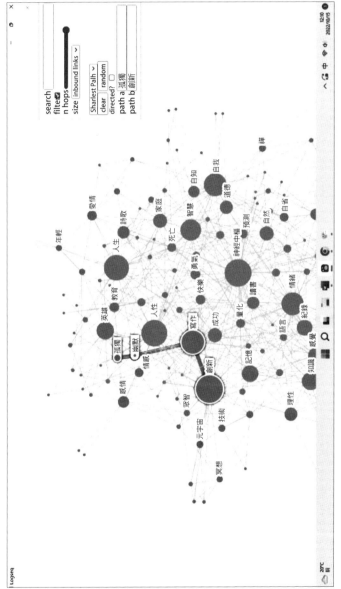

圖 3-13　遮蔽「比喻」節點之後的最短路徑分析

　　上述分析，針對的是「孤獨」這一個節點，當然這個方法可以應用到任何節點之上。我可以肯定的是，我們的節點愈多、標籤愈精細，關係就會愈豐富，我們利用圖譜可以追蹤發現的潛在關係就可能愈多。

# 3

## 人機協作催化新的創意

　　下面我們要探討一個非常具有挑戰性的問題：創新。現在一提到創新，人們首先想到的是科技創新，在科技意義上的創新包括 3 件事：首先要有一個創意，其次是要把這個創意變成產品，最後要把產品銷售出去。但本書所討論的「創新」並不涉及生產和銷售，僅侷限在「創意」這個層面。

　　創新的能力，現在已經被認為是現代人最本質的能力，也就是拉開人和人之間的差距、體現人和人之間最本質不同的一種能力。法國思想家米歇爾‧傅柯（Michel Foucault，1926—1984）甚至認為，現代性的定義就是人

類永不停止的自我創造，而現代人最根本的特徵就應該是
創新。在此之前，我們評價人和人之間的差異，一般會從
2 個層次來考察。第一個層次是感官，即感覺，在這個方
面，只要先天健全的人，差別都不會很大。第二個層次就
是記憶和思考的能力，這個層次也可以概括成一個詞：理
性。在這個層次上，人和人之間的差別就比較大了。人類
發現導致這個差別比較大的主要原因，不是先天的基因，
而是後天的教育和培訓，也就是說只要接受足夠的教育，
人和人之間在這方面的差異就不會很大。隨著最近 100 年
世界的發展，學校和義務制教育在很多國家都陸續普及，
應該說，人類在理性方面的差異在縮小；但人類又發現，
即使在受過良好教育的人中間，他們在創新能力方面的差
異也非常大。有少數人表現出極強的創新能力，而大部分
人只會按部就班，完全不具備任何創新的能力。這究竟是
怎樣發生的，心理學家、教育家、科學家至今都還給不出
清晰的解釋和答案。

人和人區別的 3 個層次：感覺 → 理性 → 創新性

我認為，第二大腦可以在這個現代人最本質的特徵的

領域有所作為，第二大腦的建設本來就是一個加強記憶和思考能力的過程，它強化了我們的理性，自不待言，只要善用第二大腦，它就可以幫助我們所有人創新，讓這種比較稀少的能力出現在更多的人身上。

首先，第二大腦可以幫助第一大腦減壓，讓第一大腦專注於思考和創新。

我們討論過，人類的大腦有 2 大機能，一是記憶，二是思考（創新也是思考的產物）。人類進化數百萬年的習慣，不僅要用頭腦來記憶很多事情，還要在頭腦中思考很多事情，大腦的負擔很重。而且人類還有一個不好的習慣，無論思考有沒有結果，都會讓這些事情停留、保存在頭腦中。現代認知心理學認為，很多東西我們應該在需要的時候再看，而不是始終在腦海中縈繞，如果能把大腦中的東西轉移到物理空間中去，大腦的效率會更高。而轉移到物理空間中去的東西，只是移出了視線和腦海，並不是丟失。事實上保存在外部空間比保存在大腦裡還更為可靠，這叫「大腦卸載」。

當然，今天我們為這個外部空間取了一個具體的名字叫第二大腦。如果我們把更多的東西記錄在第二大腦，那

有 2 個明顯的好處。一是透過記錄，在第一大腦中臨時的
資訊可以「穩定」下來，或者說固定下來，以在任務的後
期隨時取用。當我們記錄的東西愈多，我們固定的東西就
愈多，我們後期思考的時候可以取用的東西就愈多，我們
第一大腦的思維就解放得愈多。二是第一大腦本來就是有
限的，就像一間房間，聰明的人總是有選擇地把東西搬進
去，只有傻瓜才把他碰到的各種破銅爛鐵一股腦兒地裝進
去，這樣一來那些對他有用的知識反而被擠了出來，或者
是和其他的東西摻雜在一起，因此在想取用的時候非常困
難。當過去的「東西」擠滿了第一大腦的空間時，它怎麼
能夠高效運轉呢？把第一大腦中的東西轉移到第二大腦中
去，讓第一大腦從繁重的記憶工作中解放出來，第一大腦
才能保持清晰的、整潔的空間，才可以用更多的時間和空
間專注在一件事上，這就是思考和創新。

此外，第二大腦可以幫助第一大腦看到更多的資訊。
不僅看到，第二大腦可以將所有的資訊呈現為一張有組
織、有結構的大圖，它還可以用圖譜一樣的工具來幫助我
們發現圖中不同資訊節點之間是否有連結，並且用數值來
標明連結的強弱。第二大腦說明我們把 2 個不同的資訊或

想法連結起來，這是第二大腦給我們賦能創新力的一個重要的手段。

創新大師史蒂夫・賈伯斯曾經說過：

人類創造的本質，只是將不同的事物連結起來，這個連結愈是意想不到，創造出來的東西就可能愈有意思。

賈伯斯說得對，很多人之所以能夠創新，就是因為他能發現別人發現不了的連結和關係。知識從一開始，就不僅是對事物本質的認識，也是對一件事物和其他事物之間所有關係和連結的洞察和認識。人類歷史上真正偉大的知識份子，例如人類公認的亞里斯多德、柏拉圖、莎士比亞、歌德、牛頓、愛因斯坦等，就是那些能將新與舊、過去與現在、遠與近連結在一起的人，就是那些能夠洞見所有事物之間互相關係和影響的人。他們不僅具有對事物本身的知識，而且還具有事物間的相互作用和真實關係的知識。

來看一個例子。2001 年發生在美國的「9‧11」恐怖襲擊事件，可以說無人不知、無人不曉，它改變了美國，

也改變了世界歷史的走向。但在事後的反省中，美國的情報部門發現這起慘劇事實上早有先兆，如果當時的情報部門有更強的資訊統籌、洞察和分析的能力，那「9‧11」的悲劇是可以避免的。事實上，就在這次恐怖襲擊發生的2個月前，2001 年 7 月，一名聯邦調查局鳳凰城分局的員警就發現有大批的中東男子湧入亞利桑那州的飛行院校學習駕駛飛機，他在這些男子身上甚至發現了賓‧拉登的照片。這名員警把這些發現寫成了一份 6 頁紙的報告，在報告的一開頭就預言說賓‧拉登正在策劃恐怖行動，可能和飛行有關。他還在報告中建議應該立即對美國境內所有飛行院校來自中東國家的學員進行一次排查，並統計造冊。事後證明，他在報告中提到的 2 個中東人和「9‧11」當天駕駛飛機撞向美國五角大樓的那個主犯都有密切的連結。然而這份報告在提交之後，完全沒有得到重視，它只滯留在亞利桑那州，沒有提交到中央情報局，沒有亞利桑那州之外的官員看到這份報告。

到 8 月時，在距離亞利桑那州千里之外的明尼蘇達州又發生了一件事，在一所叫泛美學院的國際飛行培訓學院，有一名來自中東叫薩穆維的學生行為怪異，引起了校

方的關注。他從來不參加理論課學習，只參加實操課，也不關心分數和證書，他在一架波音 747 模擬飛機上纏住老師不停地詢問駕駛艙門操作的細節，泛美學院針對這些可疑的行為向當地聯邦調查局做了報告。辦案的員警隨後發現，薩穆維擁有大量的現金，用現金支付包括學費的一切支出，他們拘留了這名學員，在隨後的訊問中，薩穆維甚至談到了他會策劃一個陰謀撞擊世貿大廈。當然，關於這個案件的報告也只是停留在明尼蘇達州，薩穆維的招供被認為是異想天開，這個案件也沒有得到足夠的關注。但「9‧11」事發之後證明，薩穆維的學費就是來自「9‧11」團夥，他和參與劫機的 11 個人都有直接的連結。

　　美國情報部門事後總結說，這 2 條明顯的線索之所以被忽視，沒能起到警示的作用，是因為它們各自都停留在各自的地區，它們是孤立的，全國沒有任何一個人同時看到、掌握這 2 條線索。設想一下，如果鳳凰城和明尼蘇達州的警方能互相讀到對方的報告，當這 2 個不同來源的資訊可以發生碰撞、連結起來，那情況就可能完全不同，一定會觸發新的思考、判斷和行動，「9‧11」的悲劇就可能避免。

　　我講這個例子，當然不是要證明一個國家的情報部門需要第二大腦。我想說明的是，創意之所以可能發生，是有前提條件和過程的。想要讓不同的資訊連結起來，我們首先得擁有很多很多的資訊才行，我們也得先看到這些資訊和想法才行。而有了第二大腦，這些都可以實現，我們可以把所有的資訊和想法寄存在第二大腦中，可以像「一覽眾山小」一樣閱覽資訊的大圖，還可以讓軟體和演算法說明我們尋找這些資訊之間的連結。

　　我在前文中演示了我怎樣發現「孤獨—創新—失敗」這 3 個節點之間存在潛在關係的過程，你可以看到，這個分析還是挺冗長的，雖然第二大腦可以自動生成圖譜，我們也可以對圖譜中的每一個節點做類似的分析，但很多時候，我們可能還是懶得動手去一一分析。雖然在未來這些分析都可能自動發生，但我可以肯定，最佳的創新一定來源於第一大腦和第二大腦的配合，即人機協作才能達到最好的效果。

　　那第一大腦應該如何配合？我有 3 個經驗。

　　第一個經驗是第一大腦要經常回訪第二大腦，就像是

漫遊，也像是邂逅。我經常在第二大腦中漫遊，就是這裡看看、那裡翻翻，但不給自己規定任何明確的目標。當我不把自己限定在一個既定的計畫和目標裡，而是在大腦空間裡漫遊，奇怪的是，在這種漫無目的的狀態下，我反而常常能發現一些新的連結，一些新的值得放大、深入的點位。我還在第二大腦中設定了一個開機邂逅的功能，就是每次打開第二大腦的時候，它都會給我隨機推送一個區塊，我感覺這種方式很有效，因為第一大腦可能在完全放鬆的狀態下接收到意外的刺激，產生新的創意。

回顧人類的創新史，你會發現，許多偉大的成就和偉大的創意都來源於偶然的邂逅和巧遇。所以，我們不妨常常去第二大腦中散散步，不帶任何目的，而在偶然碰撞而來的火花中去捕捉創意。

第二個經驗是要「盯著看」。在我們的第二大腦中，每一個反射區都是一個頁面，都圍繞一個主題，這就是一張資訊結構圖，多個反射區還構成了一個神經中樞，這是一張更大的圖。我的經驗就是：以神經中樞為單位，對反射區一個一個進行整體閱覽，在想像中和這些資訊對話。不僅是面對螢幕，有一些資訊必須列印出來，拿在手頭閱

覽。我們感知事物的自然方式，和我們的眼球運動是同步的，大腦在掃描的時候更容易注意到細節、關注到連結，這就是為什麼我們要把思考的事物放在我們的眼前，盯著它去看。我很喜歡物理大師牛頓（Isaac Newton, 1643—1727）的一句話，是這樣說的：

> 我始終把思考的主題像一幅畫一樣擺在我的面前，再一點一線地去勾勒，直到整幅畫慢慢地突顯出來。這個過程需要長期的安靜與不斷地默想。

甚至在工業時代之前，人類就為了能同時看到更多的資訊做了很多努力。圖 3-14 是歐洲的工程師在 1588 年發明的「書輪」，它透過轉動輪子讓閱讀者能在多本書的不同資訊之間進行切換閱覽，以激發思考。

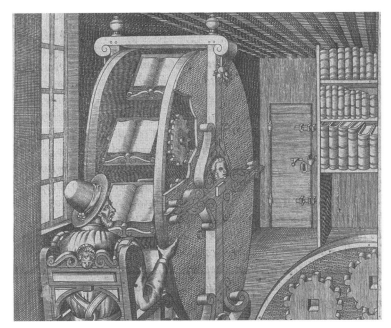

圖 3-14 歐洲工程師發明的「書輪」

　　第三個經驗是保持誦讀的習慣。之所以說「保持」，是因為我們本來都擁有這個良好的習慣，但大部分人卻在成長的過程中不知不覺丟失了。我們常常讀到一些好的資訊，但如何把它們轉化為自己的洞察力和智慧呢？經常誦讀或者默誦是最好的方法。當我們不停地重複這些話，讀出聲音，這些聲音就會進入第一大腦，滲入我們的意識，

成為我們精神活動的一部分。你愈誦讀，它就愈下沉，變
成你的潛意識和大腦迴路。這些潛意識是人體的自動控制
器，無時無刻不在工作，那是個神祕的世界，我們還不完
全知道它是怎樣工作的，但它會在不知不覺中影響我們的
行為，讓我們感受到新的思想元素，建立新的腦迴路，催
生新的觀念和行動。如果我們想讓來自外部的資訊在自己
身上加速發生作用，這就是一個有效的方法。

　　誦讀應該在一個不會被打擾或打斷的環境中進行，最
好是單獨的書房，大聲朗讀，或者是晚上躺在床上閉上雙
眼默誦。當我們確定了需要熟悉的內容之後，應該一有時
間就重複這個過程。當然，很多人不習慣大聲誦讀，認為
這是小孩子做的事。事實上，如果在家帶頭誦讀，我們還
能影響自己的孩子，引導他們建立一個終身受益的習慣。

## 4

# 使用 Query 和搜尋的技巧

　　雖然有了標籤，它可以自動把同一主題的資訊匯聚到一起，這極大地幫助了我們在第二大腦中尋找、定位我們需要的資訊，但標籤並不是萬能的。一個標籤代表的其實是一個反射區、一個頁面、一個節點，在這個頁面和反射區中，還有一大群區塊等著我們去鑑別。很多時候，我們需要準確定位一個區塊，例如，我們在前面討論過的問題，還記得那張圖嗎？我們在那張圖中發現了「比喻」和「孤獨」之間有直接的連結，也就是說，這兩個反射區中存在著一些神經元，它們的標籤之間發生了交叉。那問題來了，我怎樣在第二大腦中快速找到這些「神經元」呢？

　　未來的第二大腦，應該只要點擊這條連線，就可以展示結果，但現在還不行（見圖 3-15）。有一個笨拙的方法，我們可以回到第二大腦的「比喻」反射區逐個神經元去查看，這當然很費力，現在我們就要介紹一個更高級的方法，就是 Query（查詢語句）。作為第二大腦的一個有效建設者、管理者，我們常常要用到 Query，我們必須學會寫 Query，掌握查詢搜尋的技巧。

　　我們還是以 Logseq 為例，它給我們提供快捷書寫 Query 的功能，在任意一個塊鍵入／ Query 就可以創建一個簡單的查詢，下面是完成我們上述查詢的 3 條語句：

　　一、{{Query (and [[ 比喻 ]] [[ 孤獨 ]])}}：本語句可查詢出同時打有「＃比喻」和「＃孤獨」2 個標籤的塊。

　　二、{{Query (and [[ 比喻 ]]「孤獨」)}}：本語句可查詢出打有「＃比喻」的標籤，同時包含有「孤獨」2 個字元的塊。

　　三、{{Query (and「比喻」「孤獨」)}}：本語句可查詢出同時包含有「比喻」和「孤獨」2 組字元的塊。

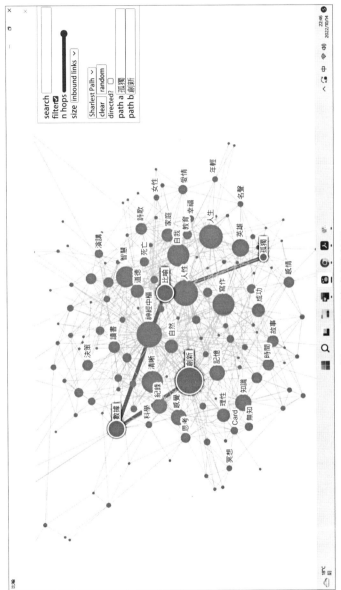

圖 3-15 點擊連線查詢結果

　　使用這 3 條語句，我們當然很快就在「叔本華」這個反射區找到下面這個神經元。它是我閱讀叔本華著作《論天才》的一條摘錄，我給這條摘錄設過 3 個標籤，其中就有「＃比喻」和「＃孤獨」。我前面談到過，「＃比喻」是我的一個修辭類別的標籤，這段話裡把英雄的生活環境、工作比作「小島」、「築立石碑」，把後來的發現者比喻成「航海者」，就修辭而言非常精妙（見圖 3-16）。

---

**叔本華**

《論天才》，〔德〕叔本華 著，柯錦華 譯

● 如果一個人想親身體驗到來自於同代人感激之情，那麼他就必須調整自己的步伐以迎合他們。但是，真正偉大的東西絕不會以這種方式產生出來。因而，一個人真正想要創造出偉大的業績，他就必須把他的目光投向後代人，堅定不移、始終不渝地為未來的人類精心製作自己的鴻篇巨作。毫無疑問，其結果只能是，他完全是一個無名之輩而不為他的同代人所知曉；並且，他就好像是這樣一個人，他不得不在一個孤寂無人的小島上孑然一身地度過其一生，在那兒他竭盡全力矗立起一座石碑，好讓未來的航海者知道他的存在。＃比喻 ＃英雄 ＃孤獨

---

圖 3-16 叔本華名言摘錄

　　我可以肯定，以上這 3 條語句是我們在第二大腦中經常要用到的，如果我想在第二大腦裡找出同時設了 2 個不

同標籤的塊，那就可以用第一條；如果我要找的只是設了一個標籤，但是含有某個特定字元的塊，那就用第二條；再舉個例子，如果我連標籤都不記得，只想在所有的塊中找到包含「勇氣」、「歌德」、「弱者」這 3 個關鍵字的塊，可以套用第三條語句。執行的結果如圖 3-17 所示：

{{Query（and「勇氣」、「歌德」、「弱者」）}}

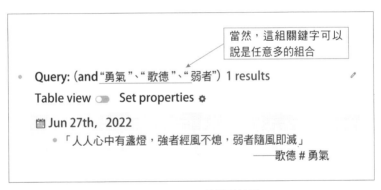

圖 3-17 Logseq 的搜尋結果

　　Query 所得到的結果也是以塊的形式呈現出來，你可以將一個 Query 保存為一個頁面，它運行的結果就是組成這個頁面的塊，可以隨時查閱。

除了查詢普通的區塊，我們還可以對任務進行查詢，例如下面 2 條語句：

一、{{Query (and [[project]] (task NOW LATER))}}：查詢和某個項目相關但還沒有完成的任務。

二、{{Query (and (between -7d+7d) (task DONE))}}：查詢 7 天之內已經完成的任務。

談到 Query，可能很多人有畏懼心理，但其實一點都不可怕。只有極少數的情況，Query 會變得非常複雜。例如有一次我想找在父塊中包含「歌德」2 個字元，在子塊中包含「勇氣」2 個字元的區塊，因為子塊不止一個，所以這個語句寫出來就有些複雜。但大部分情況下，只要掌握以上一些基本語句，就能滿足日常工作的需要了。Logseq 使用的是 Datalog 資料庫和 Clojure 查詢語言，Clojure 具有和流行的 SQL（結構化查詢語言）很相似的表達，即使是高級、複雜的功能，借助線上手冊也很容易學會。Logseq 還在 2022 年宣布過他們正在開發一個智慧化的工具，可以基於你說的話（即語義），來為你自動生成高級複雜的 Query 語句（見第 184 頁的圖 3-18），所以查

詢會愈變愈簡單，我們在此也點到為止。

　　Query 的本質其實是搜尋。第二大腦是介於網路和我們個體第一大腦之間的一個媒介，它幫助我們記憶和思考，第二大腦的很多區塊的來源都是網路，很多時候我們必須從網路上找到合適的資訊，這一點也非常重要，所以在這裡我也討論一下在網路上搜尋的技巧。

　　在網路上搜尋是我們豐富、建設第二大腦的一個必要手段。陽光之下並無新鮮事，地球上已經有數千億人生活過，他們留下了許許多多的經驗和知識，我們面對的幾乎一切問題，要做的幾乎一切事情，歷史上都已經有人思考過了，或者已經做過了。目前，他們的很多經驗和知識已經沉澱在網路上，這個沉澱的過程還在加速。

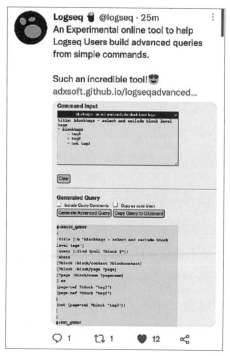

圖 3-18 Logseq 宣布他們正在開發基於語義的 AI Query

　　也就是說，我們面對的各種煩惱和問題，其實是有答案的，或者說有部分答案的，你只需要看看前人和別人怎麼說、怎麼做就可以。我們不主動去發現和利用，而去做無謂的思考和重複的勞動，不是傻子嗎？透過有效的網路搜尋，我們可以站在前人、巨人的肩膀之上，自己為自己

解答絕大部分的人生疑問和難題。

　　但很遺憾的是，大家面對的是同一個網路，資訊和資料就在那裡，但每個人的搜尋能力各不相同，一些資訊對有些人就是舉手之勞，但對另外一些人來說，卻好像天人永隔，永遠都見不到。在我近 30 年的職業生涯中，我看到很多人因為搜尋資訊能力的不同，而決定了他們在職業發展中是否能夠獲得晉升和發展的機會，失去機會的人對自己能力的欠缺卻渾然不覺，一點也沒意識到是因為自己不懂搜尋，或者說沒有充分掌握在網路上的搜尋技巧而造成的。

　　我在《數商》（時報出版，2021）這本書中，曾經對搜尋的原理和技巧進行過詳細的闡述，認為這應該成為現代人的基本知識和技能。本書再提煉出 8 點日常技巧以供參考，試著嫻熟掌握這些搜尋技能，我們就可能會和一些原來永遠都不可能看到的資訊不期而遇。

　　一、把關鍵字和一個特定的數位結合起來搜尋，即把數位也當作關鍵字來搜尋。包含一個關鍵字的結果會有很多，但同時包含一個特定數位的結果就會少很多很多，這

意味著更快更準。

二、對一些有爭議的問題，可以把爭議的關鍵字和「資料」、「回歸分析」、「因果」、「關聯」這些詞放在一起搜尋，結果中可能會有一些高品質的實證分析。

三、如果你想同時搜尋 2 個關鍵字，但這 2 個關鍵字並不連貫，這時候你就可以用並行搜尋，格式是：A｜B。比如，搜尋 2 個關鍵字：大數據｜社會治理。

四、把關鍵字放在雙引號中，代表完全配合搜尋。也就是說，搜尋結果返回的頁面包含雙引號中出現的所有詞，連順序也完全配合，這樣可以提高搜尋的精準度。

五、當你想要搜尋出來的結果只含關鍵字 A 而不含關鍵字 B 時，只要輸入：關鍵字 A（空格）− 關鍵字 B，例如：大數據 − 保險。

六、有的時候，我們只想從文章的標題中搜尋，即找到包含一些關鍵字的標題，可以用「intitle」這個指令，例如：intitle：大數據。這樣出現的是標題含有「大數據」3 個字的文件。

七、有一些專題檔案特別有用，例如 pdf 格式的論文。我們可以快速找到這樣的檔案類型，例如在搜尋框中輸入「大數據 filetype: pdf」，表示含有「大數據」的類型為 pdf 的檔案。

八、也可以指定來源搜尋，例如：在搜尋框中輸入「大數據 site: zhihu.com」，表示在網路論壇「知乎」站內搜尋「大數據」；還可以指定網站類型搜尋，比如 edu、gov 等。如果需要搜尋一篇學術論文，可以輸入「大數據 edu filetype: pdf」，這樣就能找到大學網站的 pdf 格式的學術論文。如果需要政府文件，就輸入「大數據 gov filetype: pdf」。

# 改寫、化用和互文：
# 創建新的「腦細胞」

　　前面我們談到了需要做記錄的資訊有不同的種類，所以有各種性質的區塊。我們認為，一則記錄就是一個塊，就是第二大腦的一個「神經元」、一個「腦細胞」。我們的想法、我們的日程、我們的計畫，這些塊都是我們個人化生活的一部分，因此也是我們獨有的。但是有更多的資訊，它們來自我們的閱讀，可能是書本也可能是網路，或者是我們社交中他人的隻言片語，它們打動、啟發了我們，以後我們可能要用到它們，所以我們要把它們記錄下來。一般來說，我們會原汁原味地照抄下來，或者透過滑

鼠的幾下點擊直接把它們拷貝下來，我們把這種記錄叫作「摘錄」。

在拷貝和複製如此簡單的今天，我敢肯定，在每個人的記錄中，都有大量的摘錄。

摘錄是一種重要的學習方法。摘錄的行為可以幫助我們的大腦獲得「印象」。但我們在本章一開始就討論過，記憶是一回事，思考是另外一回事，從印象到理解、掌握中間隔著一段很長的距離，不經思考難以抵達。所以，如果我們僅僅停留於摘錄，那就是一種糟糕的學習方法。我們摘錄的是好東西，但是是別人思考的成果，這就好比搭別人的車，是別人帶我們走，我們自己被免除思考的責任，自然很輕鬆。但要是問一個人從 A 到 B 的路怎麼走，搭車的人是說不清楚的，開車的人才知道，因為開車的人必須要盯住路，不斷地思考判斷，否則會錯過拐彎，走錯路。

德國的思想家阿圖・叔本華（Arthur Schopenhauer, 1788—1860）對此有精彩的論述，他甚至認為，讀書——如果僅僅是讀——那就是對思考能力的一種破壞，讀書不思考，其實讀得愈多愈糟糕：

　　我們讀書時，是別人在代替我們的思想，我們只不過是重複他人的思想活動的過程而已，猶如兒童啟蒙習字，用筆按照別人所寫的筆劃依葫蘆畫瓢，我們的思想活動在讀書時被免除了一大部分，因此我們暫不自行思索而拿書出來讀時會覺得很輕鬆。然而，在讀書時，我們的頭腦實際上成為別人思想的運動場了，所以讀書愈多或整天沉浸於讀書的人，雖然可以藉以修養精神，但他的思維能力必將逐漸喪失，猶如時常騎馬的人，其步行能力必定較差，道理相同。許多學者就是這樣，因讀書太多而變得愚蠢。一條彈簧，常受外物的壓迫會失去彈性，我們的精神也是一樣，如常常受到別人思想的壓力，也會失去思考的彈性，食物雖能滋養身體，但吃得過多則反而傷胃乃至全身，我們的精神食物如太多也是無益。讀書愈多，留存在腦中的東西愈少，兩者是成反比的。讀書多，他的腦海就像一批密密麻麻、重重疊疊、塗抹再塗抹的黑板一樣。讀書而不加以思考，絕不會有心得，即使稍有印象也淺薄而不生根，大體在不久後又會淡忘喪失。

　　叔本華的這段話也提及了「思考」和「記憶」的關係，非常精闢。正像叔本華的觀點，讀書不是愈多愈好，

摘錄也不是愈多愈好。在我建設第二大腦的過程中，曾經存在大量的「摘錄」，它們和其他的區塊一樣，都是我第二大腦中的神經元。但我逐漸認識到，如果過多地用摘錄來填充我們的第二大腦，我們擁有的將僅僅還是一個數位化的剪貼本、一個資訊的記憶庫，而不是一個真正的具有「思考」能力的大腦。

摘錄和拷貝是思考的敵人，也是第二大腦的敵人。

那怎麼辦呢？沒有別的選擇，我們必須對準備摘錄的資訊進行思考和改造。一則摘錄，事實上是別人思考的結果，來源於別人的神經元，如果我們讓它原封不動地進入我們的第二大腦，它最大的可能是游離在第二大腦的邊緣，無法真正發揮一個腦細胞的作用。我們的身體，對不屬於我們自己的、外來的細胞會有一種特殊的「排斥」功能，就像一個器官移植進入我們的身體之後，即使我們知道它是個好東西，是來幫助我們的，但它仍然會被免疫系統識別為「異己成分」，沒有辦法立刻融入和發揮作用，大腦也是這樣。

第二大腦要有真正屬於自己的腦細胞，就必須對摘錄進行思考和改造。改造的方法就是──按照你可能要使用

的語境，用你自己的理解和語言重述這段話的意思，把它改造成具有你自己個性的、新的、不會排異的大腦「神經元」。

　　第二大腦將會從這個過程中受益無窮。摘錄太容易，很多時候一摘了之，但要把摘錄的內容用自己的話寫下來，這就不容易了。這可以檢驗我們是不是真的理解了我們想得到的東西，在這個過程中，我們常常會發現，有一些內容我們並沒有真的理解，我們必須回頭去咀嚼摘錄的內容，這是一個過程——這個過程有的時候可以一次完成，有的時候則必須經歷多次。我的做法是，對重要的摘錄，會在第二大腦保留原文並在文本後面加個括弧註明來源，日後我一看到結尾帶著括弧的區塊就知道這是一條摘錄。任何時候巡視自己的第二大腦，只要看到摘錄，只要有時間，我就會停下來再一次對比原文和自己的改寫，看到不滿意的地方，就繼續改，這個過程不斷重複，直到自己對改造的結果滿意為止，這個過程才算真正完成。如此反覆，也有助於我們把所摘錄的東西跟我們大腦中已有的知識體系融合到一起。

　　據我所知，這個方法最早的總結來源於美國的開國元

勳之一的班傑明‧富蘭克林（Benjamin Franklin，1706—1790）。富蘭克林出身於普通人家，小時候就到他哥哥經營的印刷工廠做童工，工廠印的是報紙，富蘭克林喜歡讀報，他看到好的文章，就會反覆地讀，然後把報紙合起來，根據記憶和自己的理解在紙上重寫這篇文章。剛開始他只能寫一點點，寫不出來了就再打開報紙看，然後又合上報紙繼續寫，直到把全篇文章都寫完。

他在自己的傳記中記錄了這個方法：

恰好這個時候，我看到《旁觀者》一書殘缺不全的第三卷，我以前從未見過這本書，於是便把它買了下來，讀了一遍又一遍。得到這本書對我來說是莫大的喜悅，我覺得這本書寫得非常精彩，有可能的話，我想模仿它。有了這個想法以後，我便先從書中選了幾篇文章，為每一句做了摘要，然後把它們擱置了幾天，之後在不看原文的情況下，試著把原文複述出來，用自己所能想到的詞彙和摘要重新構建整篇文章，儘量使它和原文一樣；最後我再把它和原文對照，發現錯誤並進行訂正。

但我發現我的詞彙量少得可憐，也可以說是不能在腦海

裡迅速地搜羅到最恰當的詞，也許如果我原來繼續寫詩的話，我的詞彙量現在會很豐富，因為寫詩時需要尋找詞義相同但長短不同的詞彙，去適應詩的韻律，這會訓練我不斷地在腦海裡搜尋各種形式的詞語，並能隨心所欲地使用它們。因此我把其中的一些故事改寫成詩，一段時間以後，當我差不多忘了原書內容的時候，我又把它們重新還原。

　　有時候我也把我寫的摘要打亂，過了幾星期再試著把它們用最恰當的順序組織起來，形成一篇完整的文章。我這樣做是為了學會構思，然後透過和原文比較，我發現了錯誤並加以改正。有時候我會很高興地幻想，我的語言和條理在一些不太重要的地方比原文更好，這種幻想足以鼓勵我相信自己在未來可以成為一個不算糟糕的作家。

　　（簡中版《富蘭克林自傳》，北京聯合出版公司，2015 年；繁中版《從卑微到偉大的斜槓偉人富蘭克林》，柿子文化，2021 年）

　　這種方法可以叫複述。或者叫仿寫。富蘭克林使用這種方法，很快就可以給報紙寫社論了。當他向他哥哥投稿的時候，他擔心自己還是個孩子，他哥哥肯定嗤之以鼻，

看都不會看他的稿子，富蘭克林只好匿名投稿，直到他的作品發表了一年以後，別人才知道他的真實身分：

　　我懷疑哥哥如果知道稿子是我寫的話，絕不會發表它的。所以我就設法隱藏自己的筆跡，寫了篇匿名的稿子。晚上的時候，我把稿子塞到印刷所的門下。第二天早上，稿子被人們發現了，當哥哥的朋友像往常一樣來拜訪的時候，稿子就在他們中間傳看。他們閱讀了我的稿子，大大地讚揚了一番，這些都進了我的耳朵。我非常高興，我的稿子能夠得到他們的認可，他們猜測誰是這篇文章的作者，他們猜的人都是鎮上一些博學和聰慧之人。

　　富蘭克林是一位典型的「斜槓青年」，他一生頭銜很多，成就斐然：政治家／外交家／物理學家／發明家／作家／慈善家等，從一名普通的印刷工成為美國歷史上最具傳奇色彩的偉大人物之一，我相信這個讀書方法起了極其重大的作用。

　　雖然富蘭克林總結得最早，但把這個方法總結得最系統、最全面的要數德國的學者尼可拉斯・盧曼（Niklas

Luhmann，1927—1998）。盧曼也出生於一個普通家庭，他的父親是一名釀酒師，盧曼年輕時參加過第二次世界大戰，還被俘虜過，戰後他成為一名普通的公務員。盧曼喜歡在業餘時間讀書，而且勤於記錄，發明了一套後來被稱為「卡片盒」（Zettelkasten）的筆記方法。正是依靠這個方法，這位年輕的公務員在業餘時間寫出了一些論文。當他把這些文章寄給一位大學教授之後，這位社會學教授大加讚賞，認為他已經具備了在大學教書的見識和水準，而盧曼當時沒有受過社會學的專門訓練，也沒有博士學位，按通行的標準，他就連做教授助手的資格都沒有。但在這位教授的推薦下，盧曼真的去了一所大學擔任教師，接下來他用了一年的時間就完成了博士論文。到 1968 年，盧曼被正式聘為比勒菲爾德大學的社會學教授，並且終身擔任這一教職。盧曼以學術高產著稱，在他成為教授之後的 30 多年中，他總共出版了 58 本著作和數百篇文章，其中不少作品在當時都獲得了讚譽，盧曼本人也被視為歐洲當時重要的社會學家。

盧曼的「卡片盒」方法強調的是，每讀到有價值的資訊，就要為它做一張卡片，但他「拒絕做知識的搬運工」，

從來不照抄，而是根據自己的語境對讀到的資訊進行「改寫」和「翻譯」，相關主題的卡片再透過他自己發明的索引方法集結起來，成為他學術研究、論文寫作的重要參考和來源。盧曼的「卡片盒」做法影響很大，被總結成書《卡片盒筆記》（遠流，2022 年），本書的寫作也從盧曼的經驗中獲益很多。

富蘭克林的仿寫和盧曼的改寫，在當代文學理論裡，也有一個對應的方法，而且有個時尚的名字，叫「互文」（the theory of intertextuality）。我對互文的認識源於中國文學理論界近年來對作家木心（1927—2011）的一場質疑和爭論。木心去世前後有大量作品刊行問世。2022 年初，國內有學者透過「查重」發現，木心的文本與其他人的作品有很多重疊之處，而且木心在自己的作品中沒有指明出處，於是有學者認為，這已經坐實了「抄襲」。

美國加州大學洛杉磯分校的童明教授和我在一個微信群。他為木心辯護，反對這種指控，認為木心的做法不是抄襲，而是「互文」，但國內對互文理論不太了解。童明教授解釋說，互文是指對別人文本的改寫，這是一種化用；事實上，文本就像一個紡織品，都是混紡的，認定某

種真理性的話語或思想有一個純粹和固定的起源，這是一個迷思，其實根本沒有這樣的起源；讀書的人要敢於去化用前人的成果，化用得好就是創新，對於文學作品而言，並不需要指出來源，處處註明出處會影響讀者的閱讀感受。文學之路是公開的，也是永續的，如果化用得不好，或者完全是抄襲，專家和歷史都會給出相應的評價，無法隱匿。童明教授的主要觀點可以參考他的論文〈文學虛構中的互文現象〉（《海峽人文學刊》2022 年 9 月號）。

童明教授的意見打動了我。一來二往的討論，我和他也成了朋友，因為他的啟發，我得以深入地了解互文理論。我認識到，閱讀和寫作兩者之間的關係不是對立的，而是相對的，一個人的讀書活動，應該是和書的一場對話，我們要帶著批判的眼光去閱讀，也要有自己的表達，要透過自己的思考去化用、吸收前人的成果，無論是文學家，還是工程師，都是善於使用不同來源的現有材料進行創新的人。單純組合的行為，也可能成為一種真正的創新，就像蘋果的智慧型手機離不開來自世界各國的零件一樣；又像水一樣，一個分支的溪水流入江河湖泊，最終又流向大海。

　　無論是富蘭克林的複述、仿寫，還是盧曼的「卡片盒」和改寫，抑或是現代西方的互文理論，強調的都是要把別人的思想轉換成自己的語言，在轉換的時候，你可以結合你的人生經歷、根據你的理解，對原文進行語境的轉換，甚至是潤色、美化和完善，當你嘗試把同一個觀點用不同的語言來進行表述，因為使用了新的詞語、維度和語境，擁有了新的文字組合，這個過程就是創新，也有可能激發你的讀者創新。當然，這種轉換可以經歷多次的努力完成。在我的第二大腦中，有很多區塊都不是一次記錄之後就永久留存、不再改動的「腦細胞」，我不僅不斷修改這個區塊的內容，也不斷思考它與其他「神經元」之間的關係，調整它的標籤和連結，我感覺也正是這種行動讓「腦細胞」保持了活性，它們在大腦皮層中生生不息，長青不衰。

　　只有一種情況下我允許自己摘錄，那就是我們確實會碰到一些前人總結、書寫的人生至理、千古金句，它們非常經典，讀下來你一個字也不想改，也很難改。例如，前面這段叔本華關於讀書和思考的論述，好得實在不需要任何修改，在任何情況下最好的選擇都是「原文引用」。在

這種情況下，我們才能夠毫無壓力、原汁原味地摘錄。當然，在完成摘錄之後，我們還是要對其細節進行思考，找出它和其他區塊的關聯，唯有如此，才能在建設我們第二大腦的過程中，同步完善我們的思考能力，而簡單的摘錄行為，僅僅複製了前人的思想，是偷懶，這樣建設的第二大腦，會僅僅成為一個數位資料庫。

拒絕摘錄還有一個極大明顯的好處，那就是所有的腦細胞都是真正屬於你自己的，你可以直接使用。2022 年 6 月 28 日，我應邀在中山大學的畢業典禮上發表演講。一年一度的畢業典禮是一件大事，學校要求在演講前提供一份正式的演講稿。我清楚地記得，我在確定演講提綱之後，在第二大腦裡面檢索，只用了 40 分鐘就完成了演講稿的初稿。那次演講收到了很好的效果和回饋，澎湃新聞在當天就全文發表了這篇演講辭，人民網、《南方日報》等媒體隨後進行了轉載。

如果沒有第二大腦，我要準備這篇演講稿，那只能對著雪白的螢幕或稿紙，從標題開始一個字一個字地寫出我的文稿，我的第一大腦要為尋找、組織素材積極思考，還要判斷所用的每一個字、每一句話是不是準確、生動，這

2 件事一起做，是非常累人的，任何人沒過多久都會感到重大的挫折感。我聽過很多人感嘆，寫作真是一個苦差事，我寧願去跑 10 公里、寧願去做 10 頓飯、寧願去開 10 次會，我也不願意在這裡一個字一個字地寫東西。

但有了第二大腦，你不用去一個字一個字地把你的想法寫出來。無論你是要去演講，還是要發表一篇文章，你首先需要的是一個初稿（草稿）。要得到一個草稿，你只需在你的第二大腦中，找出相關的記錄，把它們變成連貫的文字。記住你的第二大腦中已經有塊、有頁、有集群、有圖譜，它們之間已經有各種順序、關係、主題和結構，在這些記錄中已經包括了一些核心的觀點、生動的例子，前人對這個問題的思考。還有，如果它們又不是摘錄，都是經過你自己個人化改寫的語言，那就非常好辦了，你要做的就是重新整理、重新組合，讓它們彼此連結，形成一個新的整體。就像你要建一所房子，現在不是有磚了、有瓦了、有水泥了、有鋼筋了，而是各式各樣的牆和屋頂都已經造好了，甚至傢俱也有了。你只要透過組合和擺設，就可以入住了。正是因為有了這些半成品，你可以利用時間創新，專注在提出契合情境的新洞見之上，這是一個輕

鬆的過程，甚至是一個有點好玩的過程，就像玩魔術方塊，魔術方塊已經在你手裡，你也已經掌握了方法，你需要做的，只是變一個花色。

　　說和寫，其實就是在日常生活中創造個人成功的主要手段。能說會寫的人生，已經成功了一大半。第二大腦可以幫助你成功！

# 第四章

# 誤區、障礙
# 和方法論

在人類個體的發展歷史上，記錄
這個行為是迄今為止最被低估和最少
使用的做法。

# 1

## 誤區一：
## 記憶力好 ≠ 不需要紀錄

　　圍繞第二大腦記憶和思考的 2 大功能，我在前文用了 2 章的篇幅，講述如何建設第二大腦，它包括如何構建神經元（塊）、反射區（頁面）、神經中樞（頁面集群）、最後形成大腦皮層（知識和價值的體系），還包括如何利用標籤、Query 語句、圖譜、白板和互文來強化思考和創新的能力。第二大腦的建設是一個長期的過程，它可以從 10 歲開始，一直持續到 6、70 歲，甚至直到個人死亡的那一天，也就是說它通常會跨越至少 50 年之上。在第二大腦早期的建設過程中，我們必須用大量的時間持續地收集

新的資訊，而在我們的第二大腦逐漸走向成熟之後，新資訊的收集工作很可能會變少，我們會用更多的時間來優化我們的第二大腦，讓神經元、反射區和各個中樞之間的組織和關聯更加豐富、合理、精細。

顯而易見，源源不斷地收集、記錄新的資訊，是創建第二大腦的基礎，這需要長期的努力，一個好的數位記憶體，需要大量紮實、有效的數位記錄，沒有這些記錄，第二大腦將根本不會產生，也不可能發揮作用和產生價值。一個顯而易見的結論是：我們需要做的——就是長期堅持把我們聽到的、看到的、想到的、經歷過的事情記錄下來，但記錄這一行為一直在遭受質疑。特別是在我們可以隨時打開手機、平板、筆記型電腦獲得任何資訊的今天，為什麼還要做記錄？這種質疑是如此廣泛，很多人甚至未經充分思考就已經用行動做出了選擇：拒絕記錄。

人們在開始建設第二大腦的時候，最容易陷入的第一個誤區就是：我的記憶力很好，不需要記錄，從而擱置、耽誤數位記憶體的建設。在他們的潛意識裡，他們已經認為，記錄是一種浪費時間和精力的做法，他們相信如果把用於記錄的時間節省下來，肯定可以完成一些其他更有價

值的工作。他們因此不屑於記錄。

記憶、認知專家已經發現，普通人傾向於過高估計自己的記憶力，過於信任自己的第一大腦。百事當前，總認為自己一一都能記住，但其實大部分人的記憶力都是普通水準，很容易忘記。我們在第一章提到過德國心理學家艾賓浩斯繪製的遺忘曲線，他發現，只要一小時，人們就會忘記 56% 剛剛學習過的內容，一個月之後，則會忘記79%。問題是，正像無知的人絕大部分時候都意識不到自己無知一樣，健忘的人也常常覺察不到自己已經忘記了某件事情。

在我 50 年的人生經歷中，發生過一些關於我個人的大事、喜事和痛事，在事情發生的當時，我不止一次認為自己終生不會忘記。但隨著年齡增長，我從自己、身邊的人以及各種書本上發現了一個關於人性的真理，那就是人們會很快把自己認為終生不會忘記的事情忘記，無論是讓他痛心的事、還是令他高興的事，抑或是我們內心的吶喊、夢中的嚮往和低語。

我曾有過一次短暫的婚姻。在感情破裂後，我們面臨離婚，在我聽到她一些因為負氣而狠毒的話語之後，我們

之間爆發了激烈的衝突，這個過程非常痛苦。我一度認為，我對她的憎恨終生不會消失。但離婚後不久，我就釋然了，我選擇了原諒，我們還是成了會偶致問候的朋友。

我很快發現此道不孤，在歷史上就有很多同行者。塞繆爾‧約翰遜（Samuel Johnson，1709—1784）是 18 世紀英國的明星思想家，在詹姆士‧博斯韋爾（James Boswell, 1740—1795）為他撰寫的那本著名傳記裡記錄了一件事情：一位紳士的太太過世了，之前他們非常恩愛，這位紳士告訴約翰遜，在妻子死後他大為傷心，他決心讓悲痛和記憶持續下去，他用一種神聖的、迷戀的心情珍重這種感情，但他很快發現，悲痛沒有了。同樣是失去妻子，這位紳士承受的是死亡，這比離婚還要沉重。但他也在遺忘。約翰遜在他的傳記中解釋說：

　　那些在自然過程中無助的東西會很快消失的，只不過是有早有晚罷了，只有一種情況它會持續很長的時間，那就是導致這種悲痛的原因是自己的惡行引起的，它和良心的懊悔糾纏在一起，就會更加難忘。

從他的解釋看，我不僅要平靜地接受自己的淡忘，可能還要為此感到慶幸，因為快速淡忘恰好證明我的良心沒有懊悔和負擔。

即使是一些更加漫長、深刻的痛苦，人也很容易淡忘。諾貝爾獎得主埃利·維瑟爾（Elie Wiesel，1928－2016）在納粹集中營待了 8 年，受盡折磨，他決心出獄之後，要珍惜每一次呼吸、每一個微笑和每一次日出。為了提醒自己不要忘記這些經歷，他把萊威集中營的編號「A-7713」紋到了自己的手臂上，這樣他每天一睜眼一抬手就能看到。他餘生不斷地進行演講和寫作，他解釋說這是為了對抗整個人類可怕的遺忘。春秋時的吳王夫差，他的父親在戰爭中被越國殺害，他讓身邊的衛士在他每天起床後對他大喊一句話：「夫差，你忘記了殺父之仇嗎？」這是深仇大恨。深仇大恨不經常提醒也容易忘記。日常生活的忙碌瑣碎可以填滿我們當下的大腦，悄無聲息地在當下和過去之間劃出一道鴻溝，讓我們距離過去愈來愈遠，我們常常低估這種力量。事實上，只需要幾年的時間，甚至幾個月的時間，我們就會忘記原本認為自己終生不會忘記的事情。

　　同樣，在發生好事的時候，即使是一件非常重大的好事，在發生的當時我們會覺得自己在 5 年之後，甚至終生都會記得，但事實上我們還是會忘記：一旦我們心情陷入沮喪，世界一下子就變成灰色，我們就會忘了自己曾經獲得的榮譽和對生活有過的感恩。所以，如果我們獲得重大的榮譽，最好把紀念品、獎狀和獎盃放在桌上、掛在牆上顯眼的地方，不是為了炫耀，而是要用過去的成功來提醒自己，給自己加油打氣，從而邁向更大的成功。如果沒有這些，一味靠勤奮苦幹，一味要求自己意志堅定，那即使再取得成功，也常常會是一場得不償失的慘勝，好比殺敵一萬，至少自損八千。我們掛在辦公室裡的匾額、擺在書桌上的座右銘都是同一個道理。

　　為了對抗這種自然發生的生理遺忘，我一直在努力做一個執著的記錄者，家裡有各種各樣的筆記本。我的兒子曾經在他三年級的一篇作文中寫道：「一天晚上，半夜我睡不著覺，就爬起來去看爸爸，我走到走廊盡頭，看到一張小檯燈照亮了小半個房間，我站在門口看見爸爸從書櫃裡抽出很多個本子，封面有紅的、藍的、灰的、綠的，有的上面寫著 2000，有的寫著 2006，裡面大多用黑色的筆

寫著，有的地方被紅色圈了出來，字密密麻麻像螞蟻一樣。」我堅持在晚上睡覺之前梳理一天的記事和感受，把它整理成文件保存下來，以便總結反省，或是在將來需要時查閱。這個習慣之所以數 10 年能夠堅持，是因為我常常從中領略到好處，有獲得感。例如，我們常常把過去發生的事情搞錯日期，有些事情我們感覺發生在 1、2 個月以前，一查閱記錄，你會發現它們可能只發生在 1、2 個星期之前，你會驚嘆我們大腦的粗放、記憶的模糊。又例如，我可能只在記錄裡寫了幾句話，但這也能幫助我記得自己做過什麼，日後也可能會根據這幾句話再把它們豐富起來，形成更清晰、固定的記憶，所有事情都只有經過強化之後才能被更牢靠地記住。

長期為人父母，我還體會到，和孩子打交道的過程我們也需要記錄。和大人相比，孩子們的健忘其實有過之而無不及，他們可能會把一切你認為重要的事情都忘得一乾二淨。因此在一些重要的日子，例如生日、節日，我們有必要帶領孩子一起回憶，去年前年的這一天，我們做過什麼，如果不依靠自己的記錄，我自己也說不清楚；但如果當天記了筆記，我的回答就常常會令他們驚訝。有一次，

我的孩子提出要求，他想再去一次動物園玩。我就在飯桌
上跟他說：「哎呀，你還記得上次去動物園那天嗎？姐姐
去上課了，你和媽媽在門口碰到一個好心人，她送給我們
一張員工票，我們進去後看到了袋鼠、大象，但老虎、
豹、熊都在睡覺，飼養員說，它們一天要休息 20 個小時，
然後你背著那個黑色的書包，坐了滑索，我還能找到那天
的影片，來，找到了，我們一起來看看……」當我把找到
的影片播放給他看，他看完影片之後就不一定堅持要求再
去動物園了。很多時候，我們只要和他人一起找回記憶，
在記憶中重溫一次過去的經歷，人們的需求就改變了。其
實，真相只是：**我們不記得了。**

為了對抗孩子們對家庭生活的遺忘，我和太太商議購
買了一個 17 吋的電子相框。我們把數千張照片存儲在裡
面，然後把它掛在餐廳走道的牆上。每天它都會在幾千張
照片中隨機挑一些出來自動播放，孩子們每天都可以邂逅
一張幾年前，甚至十幾年前的照片，過去共同生活的記憶
得到重溫、啟動，這也加強了家人之間的交流，鞏固了家
庭的情感。

我們在前面也討論過，一個人如果什麼都記得，那極

可能會成為他的負擔。在我 50 年的生涯中，確實也遇到過那麼幾個人，他們的記憶力非常好，大腦皮層像密紋唱片一樣，容量又大又清晰，他們見過的人，哪怕只見過短暫的一面，聽過一點點介紹，他就能記住那個人的名字和特點，就好像登記在表格裡一樣。一方面，這樣的人少而又少，一個手掌都能數得清；另一方面，這其實並不值得羨慕，他們的記憶力區分不了什麼是大事，什麼是小事，大量的用在生活瑣事上。某種程度上，好的記憶力事實上被浪費了，這和我們在現實中獲得的觀察是一致的：記憶力好並沒有對他們的生活和事業產生關鍵的影響和實質的幫助，他們的個人發展最後也是一般，令人惋惜。

圖 4-1 掛在我家餐廳的電子相框，為保存家庭記憶起了重大的作用

　　所以，最好的方式還是記錄。人的大腦就像一間空空的小閣樓，聰明的人首先是有選擇地把一些「傢俱」裝進去，其次是在大腦之外另外開闢一個儲藏室，把大腦所儲藏不了的東西轉移到那裡去。這種儲藏室從前是筆記本，後來就是卡片盒，再後來是雲端的資料庫，現在就是第二大腦。

## 2

---

# 誤區二：
# 懂了 ≠ 不值得紀錄

　　我們在創建數位記憶體上的第二個重大的誤區是：我懂了，所以不需要記錄。這個誤區也很普遍，它源於過於相信自己的理性。但事實上，這個誤區也是一個錯覺：聽懂了、看懂了，並不能代表真的懂了，我認為，「懂」有4個層次：

　　第一個層次是自認為「聽懂了、看懂了」就滿足了，這是我們經常碰到的情況，這個世界有 50% 以上的人都停留在這個層次上。

第二個層次是不僅聽懂、看懂了，還能說出來、複述；只有大約 15% 的人擁有這個能力，能把自己聽懂的東西再次講出來。

第三個層次是不僅能講出來，還能準確地寫出來，能對自己提出這種要求、做出這種嘗試的人，不到 5%。

第四個層次是最高的境界，能夠把聽懂、看懂的內容變成行動，所謂「知行合一」，這不僅要勤於記錄，還需要悟性和智慧，在整個人群大約只有 0.5% 的人才能做到。

讓我們先假定一個東西它原本是 A，當我們聽到它的時候，我們的大腦會對聽到的資訊、看到的資訊進行處理，它就變成了 B；當我們用語言說出來它是 C，當我們寫出來它是 D。只有等到我們說出 C、寫出 D，我們才能拿 C 和 D 去和 A 對比，我們才知道 C 和 D 是不是真的等於 A。而頭腦中的 B，是無法有效和 A 進行對比的，也就是說我們自己確定不了，B 是否等於 A。

雖然說和寫都是思維的顯性化，但 C 和 D 也有很大的不同。一件事我們可以說出來（C），但語言畢竟會隨風飄去，很難追究，有 1、2 句說得不對的地方，聽的人

也可能因為禮貌而選擇忽略；但寫下來給人看就不一樣了（D），讀到的人和寫下來的人都可以很快很清晰地發現，你大腦裡的東西和別人講的東西、你聽到的東西，到底是不是同一個東西，即 D 是不是真的等於 A。所以說和寫相比，寫才是王道，它能更有效、更準確地檢驗你是不是真的懂了。

當我們僅僅讓想法停留在頭腦中（B），當我們僅僅滿足於在頭腦中去完善一個想法，我們就會感覺過於良好，認為自己真的懂了，這是因為我們的大腦是跳躍的，它一跳躍，就會顧此失彼，沒有關注到的部分就會產生漏洞。而只有我們寫下來的時候，想法才開始被記錄固定下來。在固定的過程中，大腦會真正開始逐一梳理想法的全部邏輯，它使我們意識到作為出發點的那些隱藏的臆測和前提是不是真的成立，它使我們關注觀點和事實本身能否在自身和相互之間保持一致和連貫，它使我們標記差異、跟蹤區別，它使我們做出不做記錄完全不可能得出的結論和判斷，那些思維上的漏洞會像在暗房被沖洗的底片一樣，立刻顯現出來！它會把我們認為 B 是完美的錯覺擊得粉碎！

　　大家都喜歡聽笑話，經過生活歷練的人都會同意，幽默是最好的生活方式。一個對生活保有熱情的人，會常常和朋友分享最新的笑話。我也很欣賞在飯桌上能惟妙惟肖分享笑話的朋友。但我常常看到一個發人省思的場景，有人講了一個笑話，逗得大家前仰後合、樂不可支，聽的人認為自己聽懂了、也記住了。第二天他在另外一個地方上也講一遍，但現場的效果會相差很多，有人笑、也有人不笑，笑的人還帶著一點勉強和尷尬，為什麼會這樣呢？

　　講好一個笑話，其實不容易。幾乎在所有的社交場合，如果你可以用準確的、生動的語言來展示你的思想，即使是複述別人的思想，也會很容易贏得身邊人的尊重，他們會認為你聰明能幹，具備用語言的炮彈擊中要害和目標的能力。

　　大家都希望擁有這種能力，但為什麼很少有人能做到呢？答案就是記錄。那些連一個笑話都講不好的人高估了自己的記憶力，認為他可以絲毫不差地複述，他也肯定沒有做記錄的習慣，他以為他聽懂了，他就真懂了。

　　聽到一個有趣的笑話，你如果下次也想講，還想講好，那你必須在家複述 1、2 遍，但最好的方法，還是自

己把它記錄下來。有一個實證研究表明，如果家裡有多個孩子，一般老大會比較能幹且聰明，原因不在於基因，也不在於家長的培養，而在於老大有機會把自己懂得的道理給弟妹講一遍。清代的名人曾國藩（1811－1872）一生戎馬，位極人臣。他有一個習慣，就是無論是騎馬行軍，還是坐船趕路，一聽到好的笑話，當晚就會記到自己的筆記本裡，這個習慣他幾乎終生不輟。年輕時我在他的傳記裡讀到這一細節時，心中湧起的首先是一絲疑問。年齡漸長我才頓悟，曾國藩也需要在飯桌上分享笑話，他要講好一個笑話，最好的方式也是先把聽來的東西先梳理一遍。

世界上有很多事情要比一個笑話複雜得多。所以，如果你想檢驗自己是不是被第一大腦欺騙了，是不是真的懂了某個事實和道理，那麼試試寫下來──記錄，在很多時候，記錄是困難的，思考才是容易的，當你完成記錄，就完成了差不多一大半的思考。我們在建房子的時候，需要搭建一個鷹架來支撐我們的身體，記錄其實相當於我們大腦的鷹架。沒有記錄這個工具，事實上我們的大腦很難展開真正的、系統化的思考。那些拒絕記錄的人，事實上是拒絕了最好的思考工具。

　　諾貝爾物理學獎得主理察・費曼（Richard Phillips Feynman，1918—1988）曾經和一位來訪的歷史學家有一段對話。這位歷史學家看到了費曼的筆記本，他說：「我非常高興能夠看到你思維過程的精彩記錄。」「不、不，」費曼反駁道：「這些不是我思維過程的記錄。他們就是我的思維過程本身，事實上我的思維活動都是在紙上進行的。」歷史學家說：「工作是在你的腦子裡完成的，但他們的記錄是在紙上。」費曼繼續解釋道：「不，這不是記錄，這就是工作過程，我需要在紙上開展工作，這就是那些紙。」

　　費曼當時思考的工具是那些紙，在數位化的今天，就應該是第二大腦。就像紙張對於費曼工作的意義，我們今天要借助第二大腦，才能更好地思考。而記錄本身，就是思考的工具，也是第二大腦最關鍵、最基礎的工作。

# 3

## 大障礙：
## 日常的想法難以紀錄

關照你的心念，因為它很快就會變成你的思想；關照你的思想，因為它很快就會變成你的語言；關照你的語言，因為它很快就會變成行動；關照你的行動，因為它很快就會變成習慣；關照你的習慣，因為它很快就會變成個性；關照你的個性，因為它就會是你的命運。

前面講了誤區，誤區是一種錯覺，源於我們的認識不到位，沒有認識到記錄的重要性。除了 2 個誤區，建設第二大腦還有一個重大的障礙，就是我們認識到記錄很重

要，但缺乏有效的方法，想做卻做不到，結果也導致我們放棄。

我們前面談到過，第二大腦可以記錄、保存你頭腦中任何有意義的想法、你看到的任何有價值的資訊、你正在實施的所有計劃和項目、你獲得的所有啟發和收穫等等，即想法、心得、計畫、行動、行程，也可以是任何資訊的摘錄。

在所有這些資訊中，最有價值的資訊是什麼？最值得記錄的資訊是什麼？很多人會說是名人名言，因為它們代表了人類歷史上最偉大的智慧。我的答案是否定的！最有價值的記錄應當是你自己的想法和感受，這是你第二大腦中最獨特的一部分。這將是你所有記錄中的金礦，是你人生的精華，如果一個人不去了解、記錄、追蹤自己的想法和感受，你就錯過了自己所能擁有的、最好的寶藏，但要打開這座寶藏確實很難，一個人需要很努力，就像用斧頭不斷地砍向冰封的海洋。

我們一般認為，特別重要的事都不會經常發生，甚至一生只發生1、2次，所以我們會忽視每天都在重複發生的事，認為這都是小事。但情況可能恰恰相反，正因為這

些事情不斷重複發生，所以對人生的影響其實很大。你這麼想之後，再盤算一下人的一生，吃飯、睡覺、和朋友聊天、坐車、運動、看電影等等，哪件事情發生的頻率最高？答案是想法，即起心動念。僅僅是一天中，一個人也會產生幾十個甚至上百個念頭和想法。這些想法會誘發我們的情緒，決定我們的行動，影響我們的人際關係和身體健康，甚至是事業成敗以及人生的方向。結論很清楚，人生最重要的事就是管好自己的念頭，無論是追求高效的有識之士，還是希望這一生能好好過的人莫不致力於此，所以古今中外的修行者才把這件事當成第一要務。要管好一件事，首先要能看見，但偏偏念頭看不見。一個人頭腦中的想法就像天空，念頭就像沒有固定形狀的雲，一念生一念起，一念興一念滅，就像雲卷雲舒，雲聚雲散，這些念頭既繁且雜，它們四處遊走，沒有依託，有的還瞬間生滅不留痕跡，所以想法非常難以管理，99% 的人在這件重要的事情上花的時間接近於零。

　　如果我們把大腦中每一次的起心動念記錄下來，進行分析和管理，也就是「想法管理」，人生可能會更加高效，也可能會更加幸福。而且當所有的念頭變得清晰並且

聚攏起來，它們也有可能會帶來一些不一般的發現。

　　歷史上有人做過這樣的嘗試，而且頗有收穫。1,000年前，西藏有一個很有名的大德高僧潘公傑，是西藏高僧阿底峽（982—1054）的弟子。潘公傑善於下圍棋，他總是隨身攜帶一副圍棋，他修行的方法是近距離審視自己的情緒和每一個念頭，當一個善念出現時就放一顆白色的棋子，一個惡念出現時馬上放一顆黑子，這樣到晚上，他就數一數棋子。開始的時候黑子特別多，白子很少，他就自己打自己的嘴巴，批評自己說：「你還算人嗎？因為你有惡念，在苦海中輪轉了多少世？還嫌受苦少嗎？」這樣他就能在任何錯誤消極的想法一出現的時候，就驅除它們。如果一天下來，白子比黑子多，他就表揚、鼓勵自己。他每天這樣痛責自己，破除惡性，過了數年之後，終有一天下來全部都是白子，一顆黑子也沒有了，他的修煉也就成功了。

　　潘公傑的做法，只是對一個想法的性質進行是好還是壞的判斷，並沒有記錄每個想法的具體內容，難道我們不能每時每刻質問自己，剛才我在想什麼，這是一個好念頭還是一個糟糕的念頭，然後記錄下來嗎？我做過嘗試，這

確實很難。有一段時間，我思考死亡這個主題比較多。我會在聯想到死的時候，在我自己的記錄表上畫上一個標記，然後晚上算算這個念頭在一天之內自己到底想過多少次，即便如此也很難堅持下來。更多的時候，我只是在晚上睡覺前回憶一下全天的想法，寫上 2、3 段話就算是對一天的分析、總結和反思了。

困難具體在 2 個方面。第一，我們的起心動念非常頻繁。在我們的大腦裡，每天都會有很多想法產生、消失。一個念頭的產生，有的快，有的慢，大部分時候這些想法又自然而然地消失了，沒有任何東西留下來，就像雲從天空飄過，飛鳥在天空振動翅膀，都沒有留下痕跡。英國小說家湯瑪斯・哈代（Thomas Hardy，1840－1928）有一首名詩，叫〈一個星期的七天〉，他描寫了一位戀愛中的男性在 7 天之內對自己情人態度的轉變，從第一天決定分手、到第二天有一點想念、第三天回憶和感念增多了、第四天決定回心轉意、第五天想得心痛不能自制、第六天重新認識到情人的完美、到星期天認為再不見面就活不下去了！所有戀愛過的人都知道，這位男性的 7 個念頭完全可能在一天之內，甚至一個上午之內全部發生一遍。我們必

須承認，我們自己也記不清自己產生過的每一個念頭，我
們的行動、決定和決策，往往取決於當時頭腦中最新的，
或者印象最深的那個念頭。


### 〈一個星期的七天〉

星期一那晚我關上了我的門，
心想你再不是我心裡的人，
以後見不見面都無關緊要。

到了星期二的晚上我又想到，
你的思想，你的心腸，你的面貌，
到底不比得平常，有點兒妙。

星期三的晚上我又想起了你，
想你我要合成一體總是不易，
就說機會又叫你我湊在一起。

星期四的晚上我思想又換了樣，

我還是喜歡你，我們不妨
親近地住著，管它是短是長。

星期五那天我感到一陣心震，
當我望著你住的那個鄉村，

說來你還是我親愛的，我自己人。

到了星期六你充滿了我的思想，
整個的你在我的心裡發亮，
女性的美哪樣不在你身上？

像是只順風的海鷗向著海飛，
到星期天晚上我簡直發了迷，
還做什麼人這輩子要沒有你！

　　第二，除了念頭多，想要記錄的時候不知道記錄哪一個，還有一個問題就是，即使馬上拿起筆，這些念頭也會因為找不到合適的詞語而很難記錄。有的時候，我們對一些事情有模糊的想法，提筆來寫，卻發現找不到藉以依附

的詞句。那個想法就像一隻草履蟲，隨時可以變形，而一猶豫，它們就變成一些更含混的形體，互相吞噬，馬上我們自己也把它們忘記了。還有的時候，我們對一件事深思熟慮，會感覺大腦中某個想法清晰了、成熟了，思緒像波濤一樣翻滾，像野火一樣燃燒，但奇怪的是，當我們一旦開始想把它們記錄下來、寫下來，波濤和大火就變成了微微的波紋和星星之火，只能寫出乾巴巴的 1、2 段話，就持續不下去了。

　　那怎麼克服這個障礙呢？老實說，這個障礙我也常常碰到，我的經驗也很有限。首先，很多人認為自己大腦裡有想法卻表達不出來，這是一個表達能力的問題，是自己詞彙不夠，如果詞彙量大就能表達複雜的思想。我認為這和詞彙量有關係，但關係不大，屬次要原因。一件事情能順利表達出來，是因為我們的大腦對它有清楚的判斷，而難以表達出來的事情，在我們的大腦裡往往是模糊不清的，至少沒有清晰的感受，或者感受比較瑣碎，或者感受中存在衝突的認知，缺乏整合，且不統一。即使未來有了腦機介面的技術，可以將人的意識直接傳送到電腦，這些模糊不清的意識也將同樣無法上傳。我有一個經驗，有時

候晚上睡不著，在床上翻來覆去，這是心裡有事，但具體是什麼事又不是很清楚。很多人在這個時候仍然躺著，但我會坐起來，把心裡的事一件一件寫下來，梳理清楚，然後明確告訴自己，這些事情分別有多重要、有多難，我會給它們打分、排序，然後又列出我將用多少時間、花多少力氣去解決這個問題。當一切變得清晰，再上床我就能快速入睡。這是我的第一個方法，概括起來，就是透過量化去對事情進行梳理，儘量使它們清晰起來。當然，最後達成的效果也就是我們前面提到過的「大腦卸載」，把負面問題從第一大腦中拿出來，否則這些問題一整晚都會像顆子彈一樣在腦袋裡竄來竄去，造成破壞。

另外，很多時候我們對一些東西確實說不清楚，無法記錄，這個時候我就會給這種東西取一個代號，例如 A 或者 X，然後在字母之後緊跟著一個括弧，括弧裡面會用 1、2 個我能找到的、最接近的詞彙去描述這個 A 或者 X。當然這 1、2 個詞彙很多時候是很概括的，我只能儘量找到合適的詞彙。這個過程最重要的是用這個字母完成對這個說不清楚的東西進行命名，這些東西在我們的意識中原本沒有「名字」，對於這些沒有名字的感受和情緒，我們

自然難以表達。就好像我認識一個人，但不知道他的名字，當我想要向其他人介紹這個人的時候，只能說出他的一些基本特徵來指代他，但聽的人還是不知道這個人是誰，因為我說不出他的名字，就說不清楚。透過先用一個代號來代替，我們可以先記錄下來，等待時間和機遇，有的時候類似的感覺會再次出現，我們就停下來，讓自己更加細緻的感受，再次去描述它，力爭更加準確，直到它清晰為止。很多時候，透過靜坐、獨處、冥想的方式，也能有所收穫。

**4**

# 兩種建設方法

　　探討了第二大腦建設過程中常常產生的誤區以及最大的障礙，我最後還想在總體上來談一談第二大腦建設的方法論，以及方法論背後應該持有的價值觀。

　　第二大腦的建設有 2 種方法，第一種是從下到上、由底至頂的方法，這種方法是先大量的記錄，勤於記錄，並不著急建立結構。

　　勤於記錄就是隨時隨地準備記錄，只要碰到有價值的東西，就記錄下來。要求隨時隨地，還有一個原因，就是人類的一些好的想法即靈感，它們往往不期而至、闖入意識，而且就像大海裡的一個浪花一樣，轉瞬就消失了，難

以重現，所以需要馬上記錄下來。

我們的前人要做到隨時隨地記錄非常難。他們必須在口袋裡裝上一個小筆記本和一支筆，只要出門，都必須攜帶，以記下一些突如其來的見聞和想法。達文西（Leonardo da Vinci，1452—1519）是世界歷史上公認的一位天才，他在藝術、科學和工程領域都做出了傑出的貢獻。他同時代的人回憶，「達文西有一種做記錄的本能」，他在腰間掛了一個小本子，隨時記錄周邊發生的事情和自己的觀察，甚至動手畫下來。直到今天，全世界的博物館還保留著達文西的 7,000 多頁筆記，而這還不到他全部筆記的四分之一。「在紙上做筆記」被後人認為是達文西驚人創造力的一個重要來源。愛迪生（Edison，1847—1931）也是隨身帶著一個筆記本，隨時隨地記錄，愛迪生去世以後，後人在他的房間裡發現了 3,500 個筆記本。

對於達文西、愛迪生這樣的記錄者而言，一個重大的挑戰是，可能正在和同事、朋友的談話中，突然要中斷談話、吃飯或者其他的活動，掏出自己的筆記本，低頭進行記錄，這個行為難免被視為怪異，產生社交尷尬。但在今天的時代，這種尷尬已經不復存在，因為即使在公共場

合，我們也可以隨時掏出手機，在上面寫幾個提示詞，大部分人都不會認為這是不禮貌的行為。在我一個人的時候，辦法會更加靈活，我一般會對著手機給自己發一段語音，可能就是 1、2 句話，回到家再轉成文字，整理到第二大腦中去。這個整理的過程也可以視為重新思考的過程，經過二次思考，資訊的品質就會提高。

要堅持隨時記錄、馬上記錄，還有一個重要的原因，那就是人類的大腦比較喜歡的是和已有認知系統一致的資訊，而傾向於忽略和忘記與自己固有知識體系不一樣的事實和資訊，而恰恰是這些資訊價值極大，一旦碰到，必須馬上記下來。我的經驗是，碰到這樣的資訊，必須停止手頭的工作，在 30 分鐘之內完整記錄下來，否則很容易遺忘。

堅持隨時隨地記錄的難點還在於一些場合的限制，例如在夢中和洗澡的時候。歷史上有很多人在夢中產生過重要的靈感。谷歌的創始人賴利·佩吉（Larry Page，1973—）關於搜尋引擎的具體想法就是在夢中成形的。有一天他在夢中醒來，突然想到：如果我可以把整個全球資訊網下載下來，然後將其中的連結保存下來，那會怎麼樣呢？後來他回憶說：「我馬上拿起一支筆記下了自己的想

法，整個後半夜我都在紙上不斷完善這個想法的細節，我愈來愈認為這是完全可行的。」

我的建議是把筆和紙放在床頭，當你意識到你在夢中產生了一個好的想法，你最好馬上醒過來，趕快記下來。如果想等到第二天早上醒來後再記，常常只會記得夢中產生過一個好的想法，具體是什麼卻想不起來。記錄還不能太過隨便，有一次，我感覺夢中有一個極好的想法，就強迫自己醒來記了幾個字，等到早上起床再看，發現記錄過於簡短，不知道自己寫了什麼。

還有人在洗澡、上廁所和散步的時候產生了靈感，這個時候，我們需要隨手就可以拿到的記錄工具。在洗澡時產生靈感最有名的是阿基米德，據說他意識到浮力如何計算之後，興奮得光著身子跑出去了。在本書的寫作過程中，我也有過類似的經歷。有一次在洗澡時，突然產生了一個章節的具體框架，於是我停了下來，馬上走出浴室，拿出一個筆記本快速記下大約 3 頁的想法，然後放在一邊。後來回頭看這些內容實際上完成了這一章節的大部分構思，堪稱一大半最重要的工作。散步的時候產生靈感的人就更多了，可以說數不勝數，很多思想家、科學家都有

固定時間散步的習慣。

隨時隨地收集而來的資訊，一般來說沒有計劃，主題是零散的，在第二大腦中每增加一個這樣的區塊，都要思考它和已經有的區塊是什麼關係，是不是可以合併。連結不會自動產生，它需要經過我們的思考產生。對一些暫時不能下結論的資訊，我們可以把它們放置在日記的頁面裡面，這意味著日記頁面需要不斷地回顧和調整。

隨時隨地的收集本質上是一種碎片化的收集，就像蜜蜂採蜜、螞蟻尋食，來自一點一滴的日常積累，它符合我們生活的本質。我們的生活是一點一點疊加演進的，我們的思想更是如此。憑藉隨時隨地的記錄，我覺得自己有了依靠，可以逐步增加我的知識，並且一點一點把它提高到我平庸的才智和短促的生命所能容許達到的最高高度。

第二個方法是主動設計，對第二大腦的建設主題自上而下進行計畫，進行多線性的完善。

另外一個重要的方法是養成一個習慣，經常到自己的第二大腦中去逛逛。我會關注到哪些主題反射區已經完善，哪些有待完善，判斷的標準就是神經元多不多、有沒

有形成反射分區。其實逛多了，甚至潛意識裡就知道，我們的第二大腦缺什麼、需要補什麼。然後每隔一段時間，例如一個季度，給自己分配 3—5 個的反射區，圍繞這幾個主題進行思考。這些主題可以是抽象的，也可以是具體的。有些是我們內心深處的渴望，而另一些只是突然的興趣，還有一些是關注如何在專業上取得成功，另外一些更加普遍，是如何過上更好、更幸福的生活。

例如，我前面談到本書剛開始動筆時我搬了一次家，孩子們面臨著新的社交環境，他們怎樣才能交上新的朋友呢？我希望能給他們一些指導，所以我確定了一個「友誼」的主題。那時候我還在關注阿茲海默症，關心這個主題是因為對自己和身邊人健康的關注。同時我關心的另外一個主題是「幽默」，因為我那段時間讀到一句話：幽默是和人相處最好的方式。這句話觸動了我，我預計到它可能會改變我的生活態度和人際關係，於是希望在這方面收集更多的觀點和事實。

一旦確定主題，這些主題就會在我的腦海中不斷盤旋，每天至少有一個保持活躍，其他的 1、2 個可以處於休眠狀態，每次我在聽到、讀到新的資訊時，我都要針對

這幾個主題進行提問，這有關係嗎？有幫助嗎？我對自己的要求是，每天至少做 3 則記錄，這 3 則記錄至少要有一條和自己計畫中的主題相關，也可以全部和某一主題相關。這個過程，我只追求有啟發、有價值的觀點和事實，並不尋找固定的、終極的答案。

之所以要設置多個主題，是要給自己靈活度，讓第二大腦可以多線性的發展。就像一個農夫，既要種瓜也要種豆，今天種瓜不順利，就轉頭去伺弄豆；這個主題沒有收穫，就去看看另一個主題，東邊不亮可能西邊會亮。從來不揠苗助長，強迫任何一個瓜或者豆馬上結果，有的時候還會發現各個主題之間也有關聯和參照，就像種瓜的經驗也能用來種豆，相互裨益。用這種方法為第二大腦收集素材，時間久了，地裡不結出瓜，也會結出豆，也有可能瓜和豆都豐收。這是一個瓜熟蒂落，水到渠成的過程。

如果每個季度可以關注 3—5 個不同的主題，一個季度一次輪換，那麼一年下來，我們可以關注完善 12—20 個主題反射區，這是了不起的成就。每個主題反射區並不需要絕對完善，只要有一點規模和樣子就好了，如果你已經在這個反射區形成 1、2 個以上的片區，那下一階段的

任務就是建設某一特定的片區，其實完不完善不需要絕對的標準，因為同一個主題的任務可以在 1、2 年後再次重啟。

從上至下設置階段性主題，進行多線性的建設，這個方法也契合我們生活的真正需要，人生要走過少年、青年、中年、老年等各個階段，會有不同的經歷，需要解決不同的問題，我們在不同的階段就應該帶著不同的問題去生活，去思考、去收集資料。

上面講了由底至頂、從上到下建設第二大腦的 2 種方法，那究竟哪種方法更好呢？我的經驗是交替使用，建設的初期肯定是由底至頂，先廣泛地記錄，有了一定的基礎，再根據我們生活的真實需要，對各個主題逐一進行完善。這個過程可以多次重複，也必須多次重複。

無論是由底至頂，還是從上到下，有一個難題我們經常要面對：那就是我們不時會碰到一些資訊，我們看不太懂、我們自己對這個問題也沒有自己的觀點和見解，但又覺得它好像很厲害（即不明覺厲），未來的某個特定時候可能有用，那應該怎麼辦呢？

　　我的態度是，除非我們對我們不知道的事情有足夠的了解，否則我們永遠無法知道我們不知道的事情。要對不知道的事情有了解，就要接收到有價值的新資訊。我們前面談到過，你是個什麼人，就接觸什麼資訊，有些資訊你永遠接觸不到，或者接觸到了，你完全不能理解，縱使相逢應不識。所以當我碰到一些新的、似懂非懂的資訊之時，我會睜大眼睛，珍惜緣分，先把它保存下來。

　　當我們看到一段資訊沒有感覺的時候，我們事實上是不知道它說的對不對，因為世界上胡說八道的東西非常之多；或者可能是我們自己的能力不夠，即使面對一個好東西也暫時無法理解。在這 2 種情況下，我們只能借助於資訊來源這個信號來做判斷，例如這段話是莎士比亞說的、是托爾斯泰說的、是歌德說的，我們就要慎重對待，多懷疑一下自己的理解能力。當然，這個方法的作用仍然是非常有限的。但除此之外我們別無他途。面對不懂或者無感，即使這是一段具有真正價值的資訊，我們只能對其不置可否，放棄進一步的思考和行動，把它交給時間，期待與這段資訊再度邂逅之時，我們會擁有不同的感覺，出現新的答案。

而等到有一天我們重新邂逅，並獲得理解和頓悟的時候，那就是我們重大的成長。一年中，我偶然也會產生這種感覺，那是人生的頓悟，好像豁然開朗一樣，那種感覺非常寶貴，會讓我們慶倖我們在第二大腦裡做了足夠的準備。

本書講到這裡，已經覆蓋了建設第二大腦實操方面具體的技能、步驟、方法，也涉及了理念方面的誤區、障礙還有宏觀層面的方法論、價值觀，第二大腦的建設就要告一段落了。這是一個可以改變你一生，幫助你打造自我、引領你邁向成功的資訊工程項目。在今天這個絕對的資訊時代，我們做任何事都離不開資訊。資訊的記錄、搜尋、管理和使用，決定了一個人一生的發展。如果在任何時間和任何地點，我們總能找到我們需要使用的資訊，那就意味著一帆風順、萬事如意。這正是我們建設第二大腦的目的。

但是，這個可以改變你一生的項目，真的就這麼簡單嗎？

說簡單，因為其中確實沒有更多的祕密。我們很多人的觀念和思想有一個重大的誤區：他們認為成功的人背後一定掌握了什麼祕笈心法，這些祕笈心法非常高大上，非常複雜、高超，一般人學不會，他們更願意相信那些取得

傑出成就的人就是掌握了這樣一些不同尋常的祕笈和心法。同時他們鄙視一些簡單的方法，他們一聽簡單的方法就認為這不會管用，對它不抱任何希望。其實，這是錯誤的，大錯特錯，人生最重要的方法和道理，其實很多人在小學就已經聽過，甚至已經學過，他之所以不成功，這個事也做不好，那個事也做不好，原因是他從來沒有認真使用過最簡單、最樸素的方法，為了解釋他的不成功，他就在自己的思維中造出了一些複雜的祕笈心法，然後用自己沒有機會掌握這些複雜的方法來安慰自己。

　　無論是記錄、動態整合、分析，還是網狀立體結構、圖譜和互文，都是簡單樸素的方法。尤其記錄，說起來它很簡單，就是把它寫下來，正因為簡單，從古至今，它遭到了無數人的忽視，很少有人能真正地認識到它的價值。如果我們去回顧、梳理人類個體發展和成功的歷史，我們就會發現，記錄這個行為，是人類歷史上迄今為止在邁向個人成功方面最被低估和最少使用的做法。第二大腦給了我們一個新的機會，它將這個古老的方法和最新的技術連結到了一起。現代人要重拾記錄。

# 第五章

# 正在改變的個人遺產和家族傳承

　　你是個什麼樣的人？你想留下什麼樣的遺產？當你的數位虛擬人在你離開世界後的某一天從網路中彈出來的時候，你希望他和你的後代說什麼？10 年後、100 年後呢？

# 1

## 個人的真正遺產究竟是什麼

你活著的時候應付不了生活，就應該用一隻手擋開點兒籠罩著你命運的絕望，同時，用另一隻手記錄下你在廢墟中看到的一切。

—— 卡夫卡（Franz Kafka，1883—1924）

人到中年，我常常思考，人這一輩子轉眼間就過去了，我們能給後代留下什麼，又應該留下什麼呢？是金錢、珠寶、汽車、遊艇、房產等物質財富嗎？還是知識，抑或是精神呢？

　　幾乎所有的人在為人父母之後都會不同程度地考慮這個問題，不同的是，有的人想得不深，不願多想，其中一個原因可能是他們賺的錢只夠謀生，終其一生並沒有任何有形的財產可以留下。但我認為，恰恰是他們應該多想。人的生命都是有價值的，即使沒有物質財產可以遺留給後人，他們也一定有東西可以供後代繼承。

　　而且真正的財富肯定不是金錢和物質。中國清朝的林則徐說過一句話：

　　子孫若如我，留錢做什麼？賢而多財，則損其志；子孫若不如我，留錢做什麼？愚而多財，益增其過。

　　大概的意思是，把錢留給子孫完全沒有必要。子孫如果很賢能，財產多了就會損害他們的意志；子孫如果平庸愚蠢，財產多了就會增加他們的過失。林則徐的觀點令人稱道，但我認為還有一個現象他沒說到，子孫如果不能幹，我們把大額的遺產留給他們，只會吸引一群心懷鬼胎的人在他們身邊覬覦這些財富，像魚鷹環繞在魚簍旁邊打著魚的主意一樣，這會直接害了他們。猶太人也用一句話

概括了這種現象：因饋贈得來的產業，終久不為福。還有，某些父母在年老的時候會特別為難，因為財產的分配是一個棘手的問題，是應該留給努力乖巧的孩子多一點兒，還是給不成才、不爭氣的孩子多一點？「還是給老大多一點吧，畢竟老二那麼能幹！」一旦用心良苦的父母做出這樣的決定，其他兒女就會認為不公平。我們在小說、電視連續劇和現實中都看到很多這樣的場景：因為遺產的分配，豪門巨富之家的子孫後代之間反目成仇，兄弟姐妹終生不再往來。

真正的財富是什麼呢？我認為留給孩子最大的財富是自己一生經歷的總結，也就是知識和精神。回顧歷史就很容易發現，留下財產的人千千萬萬，但歷史和後人不會真正記得他們；相反，留下有價值的知識和精神的人會被載入史冊，被後人銘記。這些人雖然死了，但他們又像一直活著。有一些物質財富，例如圖書館、博物館、獎項、專注公益事業的基金，因為它們標榜的是知識和精神，也是很好的遺產。

當然，不是每個人都可以為人類的知識和精神做出突出貢獻，為後世人類所銘記。但對於普通人來說，不管這

一生是精彩還是潦倒，是成功還是失敗，畢竟為人一世，
經歷了幾十個春秋，多少都有些對生命的感悟。這些感悟
才是人修行的根本，將這些感悟變成文字、影片、音訊等
多種形式，留給自己的後代，讓後代可以借鑒自己對生命
的感悟，這是一個人對後代和家庭應該盡的責任，也是最
好的遺產。

所謂家族的遺產主要是指代際相傳的集體意識、價值
觀、性格特徵、行為模式，它是透過父母家人對其後代的
成長施加影響來實現的，這些東西傳承、轉移到一個人身
上，可以成為影響其命運的重要因素。當然，即使以知識
和精神的形式傳承，家族遺產也並不都是好的東西，有些
是資產，有些是負債。一個人要完全繼承好的東西，從負
債中解脫出來，必須有意識地對家族遺產進行梳理和研究。

我相信，即使零散的知識和精神，也是可以傳承和永
生的，就像人的基因一樣。人有成千上萬個基因，它們在
不同的後代身上有不同的組合，你的任何一個後代都不可
能繼承你所有的基因，但你所有的基因都會在後代中繼續
存在。知識和精神也是這樣。

我的父母退休以後，我請他們各自給孫輩們留下一些

記錄，一些值得自己重提的經歷和故事，特別是人生的經驗，包括他們所目睹的人世滄桑和變遷，我請他們把這些記憶歸納成 3 句話和 3 件事。他們採納了我的建議，寫下了他們從少年到老年一些值得回憶、有意義的經歷。最近我們開始把這些故事分享給他們的孫輩。我能看出來，父母對於這些經驗和經歷可以流傳下去，讓孫輩記住並且從中受益，感到十分高興和欣慰。

但在知識和精神的傳承中，也確實存在一個問題。相比金錢和物質，知識和精神沒有一個固定的外在形式，好像比較抽象，不好繼承，有的時候還是隻言片語的傳承，零散的幾句話，缺少前因後果，給繼承增加了難度。

如果我們認同知識和精神是最好的遺產，那我們就不難得出結論，記錄一個人生活和思想的第二大腦，可以說承載了一個人所有的知識和精神，將會是一個人最重要的、最好的遺產。第二大腦的出現也會讓知識和精神的繼承更加方便、可行，因為它就是一個載體，一個可以承載知識和精神，並將其更好傳承下去的新形式。

當然，我們在現實生活中還找不到關於第二大腦傳承的典型例子，但我們可以從歷史中找一些參照。如果說近

代中國歷史上有一個最接近第二大腦的例子，我認為那就是曾國藩留下的家書。我在前文曾提到，清朝的名臣曾國藩非常勤於記錄，即使是行軍打仗、騎馬坐船，也每天保持至少 3 則記錄，終生不輟，他的家書在中國近代史上有深遠的影響。

《曾國藩家書》是一部曾國藩的書信集，該書收錄了近 1,500 封曾國藩寫給父母、子女和親友的書信，跨度 30 多年。這些書信不僅歷時長、數量多，而且內容涉獵極為廣泛。有記事的、有闡述觀點的，也有抒發情感的，大到國家大事、行軍打仗，小到自己的修身、讀書、交友以及家庭瑣事，無所不談。

曾國藩建立的功業我在此不贅述。毛澤東曾說近百年來他獨服曾國藩，蔣介石也是他的粉絲，據說蔣介石在忙到沒有時間給兒子寫信的時候，便寫個便條，指示兒子去讀曾國藩家書哪一頁、哪一段。我讀過曾國藩的傳記和部分家書，深諳他的偉大皆源於在平凡中不懈的追求。

曾國藩出生在普通人家，有人考證過他的家譜，上溯到宋朝，也沒找到一個當官發財的，其祖宗八代都是農民。從他的家族和他早期的經歷來看，他的天賦也是一

般。他的父親到 50 歲才考中秀才，曾國藩考秀才也考了 7 次，直到 22 歲中秀才，27 歲中進士。曾國藩後來率兵圍剿太平天國，一開始打了很多敗仗，有 2 次被逼得幾乎無路可走，甚至想投水自殺，一死了之。

曾國藩這個人究竟有什麼與眾不同的地方呢？我認為他終生的成功都和勤於記錄這個好習慣有關。雖然當時沒有第二大腦的概念，但他終生的努力和第二大腦要做的事非常相似，就是透過不斷地記錄，在反思、總結、行動中完善自己。曾國藩長期堅持寫日記，一開始他也是寫寫停停，但他後來認識到，寫日記不是隨隨便便地記流水帳，而是要用恭敬的心來記錄，透過記錄，每天對自己進行反省，從生活中的每一個細節來打磨自己。他從 31 歲開始，每一天做了什麼，說了什麼，都儘量詳細地記錄，並一一反省，這個習慣一直堅持到去世。曾國藩對於自己的缺點也是毫不隱諱地記錄。例如，他年輕時喜歡看美女，有一次在朋友家看到別人家的老婆嫵媚動人，忍不住多看了幾眼。回到家看到自己的老婆長相平平，還有幾分病懨懨的，頓生厭惡之心。他在日記中痛責自己，要求自己改正。

在曾國藩的日記和家書中，處處都是這樣的例子。例

如，他在長期使用官員的經驗中發現，一個有大才能的人，往往具有說話語速遲緩、走路穩重、不抄近道的特點。於是他常常在家書中這樣告誡兒子，並且詢問他們「說話遲鈍、行路厚重否」，他在書信中也會交代「要勤洗腳」、「少坐轎子」、「勤做讀書筆記」這樣的小事。檢遍《曾國藩家書》，你會發現類似「自省」、「戒驕」、「畏慎」、「耐煩」、「耐勞」、「收斂」、「惜福」、「自重」、「勿忘先世之艱難」、「少用僕婢，少花銀錢，少管閒事，少斷是非」這樣的語句都與反思和行動有關。

我們在前文對記錄的作用已經有不少探討，簡單地概括，記錄最少有 3 大功能：第一，保存記憶，為思考積累素材；第二，人腦借助記錄展開思考，完整的記錄本身就是系統化的思考，也可以說記錄本身就是思考；第三，記錄塑造自己的觀念和行為，我們記錄什麼，我們才可能成為什麼，記錄說明我們一點一滴地打造自我、成為自我，建立價值體系。

有些人確實記錄了，也確實思考了，他們聽過很多道理，在第二大腦裡摘錄了很多名言，但依然過不好這一生，原因就是缺乏反思和行動，也就是不知道如何把這些

新的知識轉化為自己的行動。即使聽到再多、再精彩的資訊和做法，只是驚嘆，然後摘錄到第二大腦中，但在日常生活中卻沒有能力貫徹這些新的東西。而曾國藩的成功之處在於他不僅記錄，還反思、調整自己的行動，他其實做了3件事：

第一，記錄。把當天遇到的人和事記錄下來，包括自己的情緒、想法、是否有不愉快等。

第二，反思。就某個點、某件事進行剖析，比如為什麼會有這種情緒？由什麼引發？我的判斷是什麼？我為什麼會有這種判斷？這種判斷是一時的，還是一種固有的模式？我怎麼做才能避免或者強化？

第三，提煉。反思到最後，提煉、濃縮形成1、2句話的行動指南，用以指導自己的生活，並在實踐中不斷修正。

留有這樣的家書，後代將會在閱讀書信的時候，領悟曾國藩的經歷、知識和精神。曾國藩畢生真正的財富才可能在家族的繁衍中不斷存續。我們可以看到，曾國藩不僅

帶出了 3 位大將之才的弟弟，還培養出 2 個優秀的兒子。
長子曾紀澤是中國近代著名的外交家，次子曾紀鴻是一名
數學家。更為重要的是，有人考證過他的後代，九代近
300 人，竟然有一批都成了中國近現代史上的傑出人物，
他們都有名有姓，分別在數學、化學、藝術、醫學、科
技、農業等各個方面做出了突出的貢獻。再看看那些當年
跟著曾國藩一起出將拜相、升官發財的眾多同僚，其後人
卻乏善可陳，鮮有名人大家。這個對比是基於事實，對比
的結果也是很鮮明的。

我想，曾國藩家族的人才興旺應該和《曾國藩家書》
有關。今天這部作品已經不只屬於一個家族，而屬於整個
人類，我主張用新的形式，例如標籤、圖譜、神經元、反
射區、中樞、大腦皮層等現代的形式來重新整理這些資料，
形成曾國藩的第二大腦，以方便給後世更多的人使用。

如果後世有更多的人擁有第二大腦，那他們甚至不用
為自己能否留下知識和精神的遺產而焦慮，因為第二大腦
本身就是最好的遺產。歷史上有一些人害怕死亡，他們並
不是害怕死亡本身，而是擔心自己的知識和精神不為人所
知，不能被後人傳承。美國的蘇珊·桑塔格（Susan

Sontag，1933—2004）是 20 世紀全世界最引人注目的女性知識份子，她以敏銳的洞察力和廣博的知識著稱，發言和著述的範圍很廣，一度被譽為美國社會的良心。在她生命的最後幾年，她先後被確診患有乳腺癌和血癌，血癌在當時的致死率是非常高的，幾乎沒有人可能康復。但桑塔格不願面對現實，她認為自己使命未達，書也沒有寫完，無論如何她必須活下去，所以直到她生命的最後一個月，她都拒絕談論死亡。而她身邊的人也不得不編故事來配合她，想方設法地滿足她的虛幻願望。最終，她的生命只延續了一個月。我想說的是，如果有第二大腦，她就不必這樣焦慮，事實上，她想寫的書已經在她的第二大腦裡面了。她需要做的只是把第二大腦裡面的東西加以梳理，然後出版。她的助理、她的後代其實也可以做出來，和她個人親自來做相比，效果並不一定差。事實上，她的後代也確實這樣做了。桑塔格的兒子在她去世之後，把她留下的日記和筆記編輯成了一本書出版。

# 普通人將擁有的不朽之路

人類很早就意識到，人的生命有限，個人遺留的價值要跨越時空，要實現不朽，唯有透過歷史記錄。孔子說：「君子疾沒世而名不稱焉。」歐陽修（1007—1072）又說：「著在簡冊者，昭如日星。」這兩人的意思分別是：一個人到死而名聲不被人稱讚，君子應引以為恨；人的名字如果能寫在史書之上，就會如太陽星辰一樣發光，照耀千秋萬代。中國唐代史學家劉知幾（661—721）下面這段話更是把這個道理講得通透：

人生於天地之間，如蜉蝣一樣活著，像白駒過隙一樣

轉瞬即逝，最後會恥於當年未立下功名，至死都默默無聞。上至帝王，下至黎民百姓，近的如朝廷官員，遠的如山林之人，莫不急切地、不懈怠地追求功名。這是為什麼呢？都是為了「不朽」。什麼是「不朽」呢？就是好名聲寫在書上永遠流傳。

　　我們每個人都渴望不朽，但在過去，只有成為名人、偉人，才可以寫入史書，被後世所銘記。芸芸眾生中又有幾個人能建功立業、成名成家，最後為歷史所詳細記載呢？

　　今天資訊技術的發展迎來了一個新的機遇，除了本書所探討的第二大腦，今天的現代人還擁有電子郵件、聊天、照片、影片、消費、存款、醫療、教育、接受公共服務等大量的資料，這些資訊被稱為資料遺產。當這些資料足夠多並且匯聚在一起的時候，就可以給人工智慧提供演算法，以期開發一個生命演算法，創造一個新的數位化生命，也就是數位虛擬人。

　　這個虛擬人會有表情和聲音，這意味著一個人的形象可以長期留存，並保持生動和鮮活。在所有的資料中，影片是動態的方式，因為它具備連續的聲音、動作和畫面，

這是文字記錄和照片所無法企及的，畢竟一個人的聲音、容貌、舉手投足才是最有感染力的。如果我們和另一個人對話時，不僅能聽到他的聲音和口頭禪，還能看到他的面部表情和身體姿勢，那就是我們迄今能想像的一個人保持不朽最好的方式。第二大腦擁有影片、照片以及個人所有的資料遺產，還有我們以上所提到的演算法，它們所創造的數位虛擬人將永遠留存在網際空間，讓一個人實現數位化的永生。

　　未來已呼嘯而來，數位虛擬人將會成為紀念逝者最好的方式。我們的後代可以和我們的數位虛擬人對話聊天，那個時候，他看到的不僅僅是文字，聽到的不僅僅是聲音，他看到的是一個立體的、栩栩如生的人，不僅有面部表情，還有動作和姿態。因為我們留下了不止一張臉部照片，還有大量的全身照片，這就是基於三維模型開發 3D 數位虛擬人最好的素材。這樣的技術已經出現並已經在快速走向成熟。

　　和我們的前人比起來，這是不得了的事情。牛頓和愛因斯坦可謂青史留名，牛頓的運動定律、愛因斯坦的相對論都是以他們的名字命名的，他們還留下了一些廣為傳誦

的故事。愛因斯坦因為生活在照相機、答錄機、攝影機已經發明的年代，他還留下了一些照片、錄音和影片，牛頓則沒有留下。但是即使愛因斯坦留下了大量這樣的影像資料，他的形象在後代那裡也是支離破碎、不盡如人意的。

這樣的數位虛擬人就是一個紀念館，一個真正屬於個人的紀念館，也可以說是一個電子墓地。一個活的、生動的、可以留言對話的電子墓地。

事實上，關於死亡的觀念和文化，人類正在面臨一個全面的、深刻的變革。

我認為人類現有的墓地會逐漸消失，人類對骨灰處理的最好方式將是海葬或者是樹葬，電子墓地會逐步取代現有物理空間的墓地。我之所以做這樣的預判，還有一個更現實的觀察，那就是我們大部分人都會定期去給自己的父母和親人掃墓，但當我們自己也離開了這個世界以後，第三代（即父母的孫輩）去的就少了，到第四代幾乎沒人再去了。所以 100 年之後，絕大多數人的墓地還是會被平掉，還是會從地面上消失。他們生活過的氣息早已隨著歲月而消失殆盡，在地球上難以找到他們曾經生活過的任何物理憑證。在這個世界上，我們能記住的只有前 1、2 代

人，對於歷代祖先，如果沒有足夠多的記錄，他們就像沒有存在過一樣。而在網際空間裡，數位虛擬人、數位紀念館持續的時間可能超過 100 年。

未來將沒有墓地，但人類卻可能記得更多的祖先，更好地紀念他們的祖先。

簡單地概括，以資料遺產為基礎，透過演算法的機制產生一個虛擬人，投射出一個栩栩如生的數位化身。即使你與世長辭，你也可以將自己的想法、行為和個性留給後人去紀念、分析和繼承。你的形象、思想和個性將如岩石一般留存在人間。這就是新的不朽，也是前所未有的不朽。

具體要如何實現，我在這裡勾勒出 4 個步驟：

第一步：把一個人留下的所有資料全部數位化。

第二步：為這些數位化的資料加上詮釋資料，並讓它們結構化。

第三步：在這些結構化的資料之上，開發一個特定的演算法，在這個演算法的主導下，一個新的數位虛擬人產生了。它可以利用現有的結構化資料回答後代的問題，和

後代聊天對話。你的後代可能會問出「你」完全不懂的問題，但演算法會 根據現有的結構化資料給出猜測和推斷性的回答。也就是說，演算法不僅要類比「你」的大腦，也要學習，即使這個問題在 「你」所有的知識之外，演算法也可以進行回答。

第四步：開放這個演算法的邏輯和參數，讓聽到回答的人知道哪些是源於演算法的學習，哪些是基於「你」一生的事實和邏輯。

作為第一大腦的擁有者，我們要知道的是，我們的第二大腦、我們的數位化身一定比我們擁有更好的記憶力。如果它們像人類一樣健忘，就要學習一種新的能力──遺忘，但很顯然，我們不會把這種能力賦予它們。除了比我們擁有更好的記憶力，演算法還會賦予第二大腦學習的能力。面對同一個問題，第二大腦可能會給出和第一大腦略微不同或者完全不同的答案。究竟會有哪些不同？這取決於我們留下的資料的數量和品質，我們現在還很難確定和想像。

對於像曾國藩一樣留下了大量個人記錄的歷史人物，

他們沒有第二大腦，沒有對自己的生活進行數位化的記錄。他們已經離開了這個世界，但是我們仍然可以把他們留下的所有文字資料進行數位化轉化，然後保存起來，整理成一個類似第二大腦的東西。相比於他留下的傳統家書，數位虛擬人「曾國藩」將會達到一種更高層次的不朽，後人也會更好地從其遺產中受益。

這個演算法甚至是在你離開這個世界之前就開始部署和使用的，我們可以提前把它部署在我們的第二大腦裡。當一個人向自己的第二大腦提問時，他就可以看到回答，他對這個回答是否滿意，是否認為其做出足夠好的判斷，為這個演算法繼續優化提供了可能，而演算法的回答也為第一大腦做出判斷提供了參考。人機之間的互動就真正地產生了。這種互動就是一個第一大腦和第二大腦互相豐滿的過程。

其實，第二大腦和第一大腦之間的互動現在已經產生了。我們常常會搜尋自己的記錄，以尋找某些相關的資訊和記錄。當我們的第二大腦形成體系的時候，這就是透過搜尋對自己的第二大腦進行發問，以期尋找一個特定問題的答案。在我們在挖掘現有記錄之後，可能會找到有限的

答案，而且這個答案很可能令我們不滿意，於是可能觸發我們對原有的記錄進行修改、補充和完善。這樣一來，簡單的搜尋行為就變成了人機之間雙向的交流和討論。透過這種互動，第一大腦和第二大腦都相應地得到了豐富和成長。

# 3

## 第二大腦如何繼承

　　從上面的討論中我們不難得出結論，第二大腦是一個人終生智慧的結晶和載體。在所有的資料遺產中，它居於核心地位，也可以說，第二大腦是個人資料遺產的核心。個人資料就是一種電子產品，可以一代一代地傳承下去，它是一種新的個人遺產。而且電子遺產不同於金錢、房產等有形的物質財富，它很容易複製，可以多人同時享有。這就意味著我們的第二大腦可以留給不止一個人。

　　當然，我們可以透過我們遺囑的具體條款來規定我們的第二大腦由誰來繼承。我們可以留給我們的直系後代，也可以留給整個家族的成員，還可以留給我們的同事，甚

至是圖書館，最後還可以完全或者部分公開，提供給所有的年輕人和整個社會。

如果一個人的第二大腦能保存 200 年，按照一代人 25 年來計算，就會有 8 代，你是由你的父母所生，你的父母又各自由他們的父母所生，8 代算下來，一個人會有 255 個祖先，這個數量是呈指數增長的。如果保存到 500 年，那就會有 20 代，一個人的祖先將超過 100 萬人，這麼龐大的人群，如果他們的第二大腦都一一保留下來，傳承到一個人的手裡，那這些數位記憶會對我們的生活產生什麼樣的影響呢？

首先，當所有的人都留下自己的第二大腦，誰來支付保存這些第二大腦所需要的空間費用呢？隨著社會不斷走向數位化，這個費用可能會很低。但我們不要忘記，網際空間的內容可以保存幾百年，每一個人保存第二大腦的費用雖然不多，但他在離開世界之後，費用會隨著年月的遞增而增加，因小成多。這提醒我們，如果真想要永存，我們在留下這份遺產的同時，可能也要規劃一筆費用，讓我們的第二大腦盡可能長久地保存在雲端。算起來，這可能就相當於建設一塊墓地的費用。

其次，正像我們可以從自己的第二大腦中獲益一樣，我們的後代也將從中獲益。我們能獲得什麼收益，他們也將獲得同樣的收益。當然，很可能這種收益的效應會逐代遞減。當我們面對一個難題需要解決的時候，我們可以向自己的第二大腦提問，我們還可以向我們繼承而來的第二大腦提問，這些第二大腦可能不止一個，它包括父母的，也包括祖父祖母的、曾祖父曾祖母的等。當我們把從這些第二大腦中得到的答案，以及一些相關資料引入自己的第二大腦時，就會深刻地感受到，這種繼承的行為就是一種智慧的傳承。而且我們會發現，不管一個人處於什麼時代，每個人的第二大腦都有可取之處，也會有可優化之處。

還有，我們對自己家族和家譜的興趣可能會空前熱情，遠遠超出對一般歷史書的興趣。第二大腦中記錄著某一位祖先的生活、他的計畫、他的想法，包括文字、表格、圖片、影片和歌曲，你可以研究他的家庭、他居住過的地方、他獲得過的榮譽、他的教育背景和工作事業，甚至他交往過的所有異性朋友。如果我們發現在某一祖父的第二大腦內部有一些明顯空白的記錄，在莫名的空白背後究竟發生了什麼呢？我們可能會去嘗試訪問他的朋友和親

屬的第二大腦，看看那個時間段發生了什麼，或者他隱藏
了什麼樣的祕密。我們可能會好奇，曾祖父的兄弟是如何
評價他的，他們之間又有多少來往？我們也可能會對自己
祖先的記錄進行剪輯、編撰，創建一些表格和集錦，然後
進行對比。也許我們會發現自己並不太像自己的父母，卻
和某位曾祖父有更多共同的觀點、性格，甚至經歷，就像
我們可以在現實生活中發現孫子的一些行動比他的爸爸更
像他的爺爺。如果這位曾祖父留下的資料足夠多，那他可
能已經自動生成了一位數位虛擬人，我們可能會跟他的數
位虛擬人對話，請教「他」一些問題，從「他」的經歷和
回答中獲得一些靈感。如果我們各位祖先第二大腦裡面的
記錄足夠完備、細緻，註明了每次繼承的來源，我們甚至
還可以看到每一代人從祖先的第二大腦中到底繼承了什
麼，到底有哪些東西容易繼承，最有繼承價值，那就會更
豐富、更有意思了。

　　我們將會在更長的歷史發展線條中清楚地看到，一個
像曾國藩這樣的人物留下的第二大腦，將會成為整個家族
的財富和競爭優勢，我們甚至可以為這樣的結論找到更多
的證據。

　　除了家人，第二大腦還可以傳承給同一個公司、同一個行業裡的同事、特定的年輕人，甚至未來所有的年輕人。今天的社會已經在走向高度的結構化、模組化，每一個機構，尤其是大型機構，無一例外，都會明確地界定每一位職員的崗位職責、工作流程及細則。有一些機構人員的流動率非常高，例如軍事機構和警政部門。我曾經在部隊服役 8 年，對此深有體會。有句話說，鐵打的營盤，流水的兵，軍隊的士兵就像人體的血液一樣在不停地流動和更新。在服役期間，士兵和軍官都要定期地輪崗，也可能隨時被派往新的地點執行機動的任務。人員持續的流動需要一個高度模組化的架構來作為支撐，我認為這種場景將是最適合第二大腦發揮作用的地方。

　　當一個士兵輪換到新的崗位時，前任工作的各種記錄，包括一些多媒體資訊的記錄會有助於他加快進入新崗位的速度。當他碰到專業的問題時，可以在前任的記憶庫中找到準確的、基於事實的答案，而不是單純依靠自己的理解和記憶。當他接受一個新的任務時，這對他個人是個新任務，但對他前任則不是，前任的第二大腦將給他提供足夠多的資料作為參考，他可以立刻接觸到與此新任務相

關的所有資訊，這就相當於新的工作人員接管了上一任工作人員的數位記憶庫。借助第二大腦，所有前任的工作經驗成了一份更加科學的記錄，而不是存儲在生物大腦中的模糊記憶。無論你是新任的司令員、參謀長，還是普通的參謀幹事、連長、排長和戰士，只要你擁有了來自第二大腦的資源，你就有可能在接受任命後馬上就行之有效地投入新的崗位中。

　　我預測，還有一部分人的第二大腦將會進入各種圖書館、博物館，成為它們的藏品，永遠保留，並向公眾開放。誰的第二大腦才有資格進入圖書館呢？他們可能是一些傑出的人物，例如政治家、哲學家、科學家、作家等。我們可以暢想未來的圖書館，它保存的完全不是圖書，而是數位檔，它就在雲端運行，和地域基本沒有什麼關係，每一個圖書館都可以成為服務全世界的圖書館。當然，一個圖書館要保存一位名人的第二大腦，也不是簡單地提供一個存儲空間，而是要具備能夠對第二大腦中所有資料進行分析、分解、匯總的技術工具，方便所有的來訪者查詢才行。就像一個圖書館並不是將所有的圖書堆積在一起，而是需要一個目錄管理體系，說明我們找到所需要的資料

一樣。

　　我也相信，除了名人的第二大腦，有一些普通人也會同意開放他的第二大腦。雖然大部分人的第二大腦不會完全地對其他人開放，但少數人可能同意把自己的第二大腦開放給一些值得信賴的研究人員，由他們去做更有價值的研究和引用。假如有人在百年之後公布他們的第二大腦以及其他的生活記錄，即使只有 1% 的人，對研究人員來說，這將是一個他們從來沒有擁有過、面對過的龐大的資料庫。例如，我們可以匯聚同一時代的很多人在其第二大腦中對同一歷史事件的記錄和觀點。例如在 2022 年 9 月，中國的統計部門曾經公布資料，2022 年 1—8 月中國利用外資同比上升 16.4%，這個資料和大家的觀感相差很大，普通大眾、經濟學家、各種專家他們的個人看法到底是怎麼樣的？我們的後代也能從他們的第二大腦中找到真相。隨著第二大腦的普及，各種研究人員，包括心理學家、社會學家、經濟學家、歷史學家都會進入千萬個相關人物的數位記錄庫中去鑽研、挖掘，並把這些資料作為他們研究的重要部分。

# 4

## 人機協作是真正的未來

　　第二大腦正在進入我們的生活，就像拐杖、眼鏡、鞋和自行車一樣，第二大腦是實實在在地存在。我們借助它記憶和思考，就像我們的腳要借助鞋和拐杖走路一樣。當然，這是我們從資訊時代進入智慧時代的一個標誌。今天，當我們談到未來，所有專家已經非常肯定未來是一個「人機協同」的時代，這個「機」並不是指普通的機器，而是具備一定智慧的「機器人」，人機協同是指我們和電腦、智慧型手機、機器人協同工作，共同完成一項任務。但我認為「人機協同」的說法還不夠準確，工業時代已經基本完成了人和機器在物理上的協同，在智慧時代，準確

地說，最主要的任務就是第一大腦和第二大腦的協同，即「人機協作」，人機協作才是人類和機器最高形式的協同、最終的協同！

當前，第二大腦的相關技術還在快速發展中，展望未來，有 2 大技術浪潮會對人機協作發展產生深刻的影響。

第一是全面記錄。所謂的全面記錄是指今天的人們可以把自己雙眼所見、雙耳所聽、大腦所想、身體所經歷的所有資訊都保存下來。當然，現在我們說「所有」，準確地說有些誇張，但不可否認的是，隨著記錄手段的普及，可記錄的範圍正在快速擴大，人類必然會用愈來愈多的資料來記錄自己、家人以及朋友的生活。

幾 10 年來，微軟研究院的老研究員貝爾（Gordon Bell）一直在胸前掛著一臺相機，照相機的鏡頭一直在工作，走到哪兒拍到哪兒，他還隨身帶著一個可以捕捉身邊各種聲響的答錄機，他的目的是把自己眼睛所見、耳朵所聽的圖像和聲音都記錄下來。貝爾先生已經快 90 歲了，他在 10 年前還寫過一本書，中文版叫《全面回憶》（浙江人民出版，2014），闡述這種記錄的意義和好處。像貝爾這樣全面記錄的實踐者還真有一批，例如美國麻省理工學

院媒體實驗室的德布・羅伊（Deb Roy），他在家裡安裝了
11 個攝影鏡頭、14 個麥克風，已經記錄了數十萬小時的
影像和聲音的資料。我身邊有個朋友，決定每天不厭其煩
地為自己的孩子拍一張照片、錄一段影片。你算算，人的
一輩子只有 3 萬天左右，即使每天都給自己拍一張照片，
那也就是 3 萬多張照片。今天，在我們任何一個人的手機
裡都保存著幾千張照片，換句話來說，這是完全可能的。

那麼全面記錄人的一生，究竟可不可行？

首先，在經濟上是完全可行的。我在《數文明》（香
港中和出版，2019）一書中曾經估算過，假如有一個攝影
鏡頭，對著一個人永不停歇地記錄，那麼一天約產生 4G
位元組（GB）的資料，100 年約產生 143T 位元組（TB）
的資料。按照當前的硬碟價格，存儲這 100 年的資料需要
約 5 萬元。如果再利用資訊化手段將資料壓縮，那麼只需
要花費 2 萬元。也就是說，花 2 萬元能保存一個人完整一
生的影片記錄。

其次，在行動上也是可以實現的。愈來愈多的微小傳
感設備正在出現，例如在眼鏡、內衣、皮帶、鞋墊上都可
以安裝感測器，24 小時自動收集資料，攝影鏡頭甚至會自

動抓拍，在人們微笑的時候才捕捉下來，這極大地減少了人們在日常生活中的記錄成本。

當我們把一切都記錄下來，例如用照片和影片，那過去和記憶就變成不可改變的資料。人類的大腦不再擁有重塑記憶的機會，它就在那裡，不可能變得更好，也不可能變得更壞。從此，記憶可以清晰再現、隨時查證。因為共同的資料，原本只存在於各人各腦中的記憶，開始真正演變為人類共同的記憶，而且這個共同記憶庫將會愈來愈龐大。

很多人也會質疑全面記錄的價值，他們認為生活中大多數時候都是平淡無奇的，甚至是枯燥的，不值得記錄。就算真的記錄下來，客觀地重播過去的人生也顯得單調沉悶，完全沒有必要。

但更多的人已意識到，這是值得的。因為當自己的生活全部被記錄、被分析，它很可能不會和自己想像中的樣子一模一樣，因為記錄這個行動本身，就有可能會改變人的其他行為。未來的一代人，很可能從母親懷孕的那天就開始被記錄，記錄母親對他們的呢喃和期待，記錄他們小時候的牙牙學語和蹣跚學步，記錄他們一路成長的點滴。未來這些記錄可用於情感分析、性格分析、成功路徑分

析，甚至犯罪學研究，關於人類成長和發展的許多精細、微妙的知識將會大量出現。有這樣詳盡的資料可供研究，說不定哪天我們就能發現人在兒童時期成長過程中那些未知的關鍵性時刻，或者曾經被我們忽略的重要事物。全面記錄使科學家的研究達到一個以前無法企及的高度，就如同天文學家第一次獲得一臺高精度望遠鏡一樣。人類的歷史已經不止一次地證明，就在人類認為自己已經非常熟悉的天空或者宇宙的某個地方，可能還會發現意外的星體。

可以想像，有些人可能會拒絕全面記錄。每個人都只想記錄那些自己希望在世界上永遠留存的資訊，對那些不想留存的資訊，人們希望它們被遺忘。當然，每個人也應該擁有這樣的權利。也許你會選擇全面記錄自己的活動，你也可以拒絕，決定讓自己的人生淡淡地來、淡淡地去，不留下一片雲彩和記錄。這當然在你的掌握之中，但是整個社會都不會以一個人的意志為轉移，它會朝著第二大腦、全面記錄的道路前進，不可逆轉地改變我們生活的世界。這樣重大的改變在接下來 2、3 代人的時間中會逐步實現。

隨著全面記錄的普及，個人擁有的資訊將會愈來愈龐大。現代人要有一個強大的第二大腦，首先需要一個個人

資料中心，或者說家庭資料中心。一個可以彙集個人或者家庭成員所有資料，包括文字、表格、圖像、聲音、影片、社交來往（社交媒體的互動記錄）、空間軌跡（手機GPS、個人汽車的空間位置記錄）等檔案格式，並可以對所有的資訊和記錄實行全面、方便、快捷的管理。例如，對記錄的資訊和檔可以按主題歸類、按時間排序、按地點組織、按人和對象呈現、按事件組織等等，並且支援自動關聯和模糊查詢。例如，我可以看到最近 10 年我在廣州珠江江畔拍攝的所有照片，也可以看到最近 10 年我每年參加公司年會的照片，甚至這些照片和年會的各種檔（例如年度總結、PPT 等）也自動關聯在一起。就是說，在第二大腦的內部，一個區塊（即一條記錄）可以與一些檔關聯起來，第二大腦非常需要這樣的工具，我相信不會太久，以 Logseq 為代表的第二大腦軟體很快就會擁有這樣的工具。

第二是人工智慧。第二大腦中現在就有很多人工智慧的技術，例如，目前我使用 Logseq 一般會打開智慧語音技術——科大訊飛的語音輸入，透過語音輸入記錄自己想說的事，訊飛自動把語音轉換成文本，我再進行編輯，最

後給它設定標籤並分類。在這個過程中，我體會到語音輸入在一些時候很方便，但我們仍然要花很多時間來對口頭語進行重新編輯。

如果這個轉換能更加智慧，我們記錄的效率就可以進一步提高。

很多人都對腦機介面的技術充滿了嚮往和期待。所謂的腦機介面是在人腦與外部電腦之間創建一條資訊通路，透過電子植入物收集從大腦細胞發出的信號，並將它們轉換為外部電腦可以理解和執行的命令，進而驅動外部設備的運行。要是能實現真正的腦機介面，那意味著我們在建設第二大腦過程中最繁重的任務—記錄，將會發生革命性的變化，我們只要想就行了，動腦將代替動手：「記錄100次」將會變成「想像100次」。按照現在矽谷科技狂人馬斯克的說法，未來的人類甚至能透過腦機介面把自己的「記憶」「意識」直接匯出，保存在雲端，或用USB、記憶卡從雲端直接下載資訊，隨時植入自己的大腦，這就實現了意念傳輸、記憶的自由傳遞以及意識的永久保存。

但直到目前，意念傳輸還只是一個構想，可以說八字還沒有一撇，即使距離「用意念打字」這樣的任務，也可

以用「遙遙無期」來形容。主要困難還是在於我們對於大腦的機理了解得太少。人的大腦大約有 10 億個神經元，即使是一個最簡單的語言活動，也有很多神經元參與，它們遍布在不同的腦區，光採集到相關的信號就非常困難，而且神經元發出的信號還非常複雜，人類目前還無法讀懂。但可以確信的是，在向腦機介面邁進的進程中，很可能會出現一些更加方便、高效、智慧的使用者交互介面，這也正是引爆第二大腦下一場革命的點位所在。

也有很多務實的人工智慧應用已經出現。2022 年 12 月，OpenAI 發布了 ChatGPT（Chat Generative Pre-trained Trans- former），這是一個可以以對話的方式進行交互的問答機器人，它可以回答你的問題，為你的文本寫出摘要，編寫一個故事，並完成翻譯、幫你檢查程式碼的問題和錯誤、甚至自動生成代碼等等智慧型的任務。圖 5-1，圖 5-2，圖 5-3 是我利用這個工具產生的一些實例：

ZI　我的新書現有標題是「第二大腦：創建專屬數據資料庫，提升個
　　人發展，傳承數位遺產」，請幫我想一個更能打動讀者的標題。

⊛　您可以考慮將標題改為「第二大腦：實現自我成長的祕密武器」👍 👎
　　或者「第二大腦：提升自我、成功和家族傳承的關鍵」。這 2
　　個標題都能夠吸引讀者的注意，並且傳達出您書中的主要內容。

圖 5-1 向 ChatGPT 尋求建議

ZI　擴寫一下這句話，加入一些例子和金句：2 個戀人決定長期在一
　　起，就要面對日常生活很平淡的挑戰，要保持長期友好的相處，
　　互相幽默是最好的方法。

⊛　當 2 個戀人決定在一起時，他們需要面對日常生活中種種平淡無
　　奇的挑戰。為了維護和發展彼此的友好關係，他們必須付出努力。
　　互相幽默能夠讓彼此的心情更加愉悅，更容易消除隔閡。例如，
　　一個人可以透過發表一個有趣的笑話來讓對方開心，或者在對方
　　狀態不佳時及時給予安慰。
　　「幽默是戀人之間最好的情感紐帶」，透過幽默的交流，戀人們
　　可以彼此更好地理解和接納。

圖 5-2 請 ChatGPT 潤色文章

> ZI　豬八戒在和唐僧完成了西行取經的任務之後，他愛上了一個凡間女子，他請求如來佛批准他和這位女子結婚，請續寫一個有美好結局的故事。

> ⑤　豬八戒向如來佛請求批准他和這位女子結婚，如來佛告訴他，他可以去向女子的父母請求婚禮，如果女子的父母同意，他們就可以在佛陀的庇佑下結為夫妻。
>
> 豬八戒很高興，他立刻向女子的父母請求婚禮。女子的父母聽說他是如來佛的信徒，並且已經完成了西行取經的任務，他們很高興地同意了豬八戒的請求。
>
> 於是，豬八戒和女子在如來佛的庇佑下結為夫妻。他們倆和唐僧和其他菩薩們一起把許願珠分享給了廣大信徒，並且幫助他們實現他們的願望。
>
> 豬八戒和女子過上了幸福的生活，他們互相幫助，支持，愛護，相互扶持。他們的愛情像一座堅固的大廈，永不倒塌。他們的幸福傳遞給了所有的人，讓這個世界變得更加美好。

圖 5-3 請 ChatGPT 擴寫故事

　　從上面的例子你可以看到，ChatGPT 已經具備出色的語言理解能力，它能回答人類的提問，根據上下文自動生成合理的回答，不僅滿足使用者對於即時對話的需求，還能幫助人類完成各種各樣實用的任務。很多時候，使用者甚至無法分辨出是人類還是人工智慧在回答問題。

　　ChatGPT 的核心，是一個預先訓練的大型語言模型，在訓練過程中它使用了海量的語料，這使得 ChatGPT 可以根據先前單詞的次序，預測出即將要出現的下一個單詞，本質上這是生成式人工智慧的技術（Generative AI）。簡單地說，只要你給它一個提示詞或者句子，生成式人工智慧就可以自動生成一個相關的回答、一篇文章，甚至一個故事、一首詩歌。

　　但 ChatGPT 也有一個問題：無論任何人，只要在相近的時間內給它一個相同的提示詞，或者問它一個相同的問題，這個機器人必然給你一個相同的文本或者高度類似的回答。這是因為它所使用的訓練資料是一樣的——它們來自同一個網路。但我們現在想像一下，如果把這個演算法引入你的第二大腦，如果在你的第二大腦中有足夠的資料，如果讓這些資料和訓練資料結合起來，那每個人即使問出同樣的問題，但不同人的第二大腦就會給出不同的回答，而且——這個答案是真正屬於你的，這就相當於你自己的腦細胞思考的結果，它沒有任何版權問題，你可以直接以你個人的名義使用。

　　還記得我撰寫中山大學 2022 年畢業典禮的演講稿嗎？

在我確定了我的演講主題之後，我閱覽了相關主題關鍵字的頁面，只用了 40 分鐘就產生了一篇初稿。未來，一篇完整初稿的產生可能只需要一秒鐘！目前，在我介紹的第二大腦中，相關的資訊會透過標籤和文本搜尋自動彙集在一起，形成一個資訊的全景給我參考；但在不遠的將來，只要你向你的第二大腦提出一個關鍵字，它就可以把相關的資訊組合成一篇文檔——也就是利用生成式人工智慧技術，把這些資訊自動寫成一篇有事實、有觀點、有邏輯、有議論的文章，供你參考、使用和發表。

這篇文章不僅不會有錯別字和語法錯誤，它還可能提出一些你一時間想不到的觀點，因為人工智慧生成的內容來源於從大量資料中的學習，它可能識別人類無法看到的模式，這讓它的敘述不僅資訊量更大、更全面，還可能更準確。你不僅可以節約大量的時間，還可能從中受到啟發、獲得新的創意，寫出你的第一大腦完全沒有想到的東西。當然，文章的品質最終不是取決於演算法，而是取決於你的資料，即你在第二大腦中記錄了多少真正屬於你自己的資訊以及這些資訊的品質。

要有效地利用第二大腦和人工智慧的成果，我們還必

須在生成內容這個過程的開始和結束的時候參與這個過程。首先，我們必須向生成式模型輸入提示，以便讓它來創造內容。一般來說，創造性的提示會產生創造性的產出。未來，要使用好第二大腦，我們每個人都要成為一名優秀的「提示工程師」——很多時候，我們需要嘗試不同的提示，或者說，不斷對提示進行微調，才能從第二大腦中得到效果最好的答案。最後，我們還要對這些答案進行仔細的編輯和評估，我們可以將第二大腦和類似於ChatGPT的人工智慧產品的多次回答整合到一個資料中，最後得到一個比較完美、實用、自己最想得到的東西。

**這意味著我們真正進入了一個「人機協作」的時代。**

愈來愈多的事情，我們都需要徵詢第二大腦的意見。再舉一個例子，我們想去旅遊，目前我們能做的是在網路上尋找一些旅遊目的地的資訊，然後根據自己的偏好制訂計畫。現在市場上也有一些軟體，輔助我們將路線和計畫排成一個優美的文檔，但體驗並不太好。在未來，隨著全面記錄的普及，我們會在第二大腦中記錄愈來愈多的個人資訊，我們只要詢問我們的第二大腦，第二大腦中的人工智慧就會運轉，並且和網路互動，它先從網路上搜尋資

訊，然後為我們制訂出一個合乎個人情況的旅遊計畫。例如你想去的地方是美國的聖地牙哥，這裡是一個衝浪的聖地，也是一個很大的海軍基地，停靠著幾艘航空母艦，這裡有樂高主題公園、海洋公園、航空母艦博物館，還有豐富的墨西哥文化歷史遺跡。第二大腦會自動分析出你對航空母艦、海洋公園感興趣，對衝浪不感興趣，它會把你感興趣的事情和景點排進你的日程，而不是制訂一個通用的計畫──把所有的資源挪列出來讓你選擇。

因為擁有大量的個人化資訊，借助人工智慧，第二大腦可以為你生成個人化的計畫、方案和文件，這是網路無法辦到的。現在你可以意識到第二大腦在人工智慧時代對你的生活、工作和發展有多麼重大的價值和意義！簡單地說，沒有第二大腦，你就無法享受到個人化的人工智慧服務。

最後，不僅建設、管理自己的第二大腦需要人工智慧，未來要繼承第二大腦也需要使用人工智慧。對第二大腦的所有者而言，他清楚地知道要在自己的記憶庫裡查看哪些資料，只要這些資料擁有清晰的分類和標註，即詮釋資料的配套就可以了。而對於繼承第二大腦的後人和研究

人員來說，要探究這個複雜的大腦會是一個挑戰，因為他們一開始並不知道這個第二大腦中有什麼，自己又要尋找什麼。難道繼承者要一分一秒、一字一句地把所有的資料都看完嗎？當然不是。他們會利用資料採擷、模式識別等人工智慧演算法對所有的文字、圖片、影片進行分析和比較，他們會愈來愈依賴這些新的工具。我們將目睹整個社會對這些豐富的數位記憶遺產進行處理的過程。這也間接地證明，不只是研究人員，而是未來所有的人都必須掌握和資料科學、人工智慧相關的技能和工具。

## 結語

# 憑藉人機協作，成為智慧增強人

　　每個人都渴望成功。縱觀人類的歷史，你會發現，有些人好像沒有付出很多的努力就成功了，獲得了財富、名聲和權力；另外一些人要付出重大的努力才能成功，這些人和第一種人相比，顯得事倍功半，但畢竟也成功了。可還有一些人不管怎麼努力，都實現不了他們的目標和願望，終生和成功無緣。原因是什麼呢？

　　原因肯定不是身體，也不是環境，生活中的成功來源於一個人在現實世界當中做出的千千萬萬個選擇和決定。這些選擇和決定構成了我們的人生。而一個人所有的選擇，都受他生物大腦的支配，是大腦不斷思考、記憶和決策的結果。

　　隨著醫療和生物技術的進步，各種人造的器官都在出

現。現在，我們屏住呼吸想像一下：如果你擁有一個新的大腦，你將獲得怎樣的改變？如果我們擁有的是一個第二大腦，或者說因為第二大腦使得第一大腦的能力得到了增強，即獲得了一個「增強大腦」，我們又將獲得怎樣的改變？同樣的情境，在第二大腦的幫助下，生物大腦的思考路徑以及獲得的思考素材可能會不同，最終導致我們做出不同的判斷、選擇和決定。

我們的生活是由千千萬萬個決定推動、向前發展演進的，即使每一個決定只有細微的不同，但它們帶來的效應卻是疊加的、不斷反覆運算的。日積月累，一個小小的不同將會被放大成重大的差異。最終，擁有第二大腦的我們將會走出完全不同的、嶄新的人生，在身後留下和沒有第二大腦相比完全不同的成長曲線。

這個道理，就像 1.01 法則一樣，假設一天做一個決定，當一個決定比另一個決定即使只優化 0.01（即百分之一），一年累積下來的效應也是驚人的：它將是沒有優化的 37 倍，而當一個決定比另一個決定優化 0.02 的時候，一年下來其效果是不優化的 5,000 多倍。我的個人經驗，經由第二大腦做出的決定，常常要比不用第二大腦做出的

決定好上 10%、20%、甚至更多！再想想看吧，我們哪會一天只做一個決定呢？我的人生經驗，是每 3 個星期，我們就會做出一個影響我們一生的重要決定。你完全應該相信，使用第二大腦，你的人生會展現出不同的面貌。

```
1^365 = 1
1.01^365 = 37.78343433289 （是不優化的 37 倍）
1.02^365 約為 5,000 （是不優化的 5,000 倍）
1.05^365 約為 5,000 萬（是不優化的 5,000 萬倍）
而：0.99^365 = 0.03
```

圖 6-1 1.01 法則

　　一場關於人機協作的技術革命正在到來，我強調的是第一大腦和第二大腦之間的「協作」，而不是第二大腦對第一大腦的「替代」。一個使用第二大腦的人，無論他是工程師、程式師、作家、藝術家、律師，他擁有的是一個增強大腦，他的工作效率會比普通人高 10 倍、100 倍甚至 1,000 倍。因為第二大腦，我們將面臨一場學習和創新的革命。你現在需要擔心的不是人工智慧會搶走你的工作——而是一個擁有了第二大腦的年輕人，他可能大學本科系剛剛畢業，在熟練地掌握了這些工具之後，會比一個資歷多他 10 年、20 年的人還要能幹，他可以被稱為一個「智

慧增強」人。也就是說，不是機器人、而是使用第二大腦
的智慧增強人——這樣剛剛走出學校的年輕人會搶走你的
飯碗、代替你。

全世界的科技精英會率先使用第二大腦，用它來管理
自己的生活、輔助自己決策。你難道不想捷足先登？不想
早一點體驗並創建自己的第二大腦，成為智慧增強人，獲
得競爭優勢？

這本書是我個人經驗的結晶和相關經歷的總結，希望
它能夠幫助你和你的家人、朋友提前加入這場革命。在本
書的最後，我嘗試把前文的論述總結成 3 點經驗。當我最
後審視這 3 點經驗，我發現它們不僅僅是建設第二大腦的
路徑和方法，其實也適用於數位時代的思考、學習和工
作，是新時代、也就是數位時代的成功學。

## 一、手勤免腦記，多用視覺化的方法去重溫記錄

我的祖父涂廉清生於 1910 年，他是一名普通的農家
子弟，只上過 2 年私塾，便被送到省城的錢鹽商行學徒。
當時的學徒，就是站櫃臺打雜，但他在打雜中學會了記
帳，算盤打得老快，後來他就成了商行的帳房先生。再後

來他自己獨立出來開店，賺了一些錢。在我還不記事的時候，祖父就去世了。我的父親回憶說，祖父生前常常說的一句話是「手勤免腦記」。

我理解「手勤免腦記」有 2 層意思，一是「手要勤快，腦子才能輕鬆」，用手記在紙上了，腦子就不用念念不忘去惦記，這就解放了大腦。因為大腦的主要功能是思考和決策，而不是僅僅用來記事情的，這和我們前文提到的「大腦卸載」是一個意思。第二層意思是：相比於大腦的記憶，手記更為牢靠，相比於我們的記憶，我們應該更相信記錄。

祖父留下來的話不多，「手勤免腦記」應該是他畢生經驗的總結。我認為他從帳房和會計的工作中，悟到了記錄的精髓。這個精髓幫助他在生活中自學成材，實現了鯉魚躍龍門，把一大家人都帶到城市生活，最後自己還白手起家做起了生意，這個精髓就是勤於記錄、善於記錄，從記帳當中學到的記錄應該是改變了祖父一生的重要技能。

如今我也常常把這句話講給他的曾孫一代聽。我告訴他們，曾祖父的這句話「手勤免腦記」蘊含著獲得人生成功的原則和方法。但在過去，一個善於記錄、勤於記錄的

人會獲得成功，一個不做記錄、或者很少做記錄的人很難
獲得成功——這個結論，只是人們生活經驗的總結，沒有
實證，因為我們沒有辦法用做物理實驗、生物實驗的方法
去對人的一生分組控制、驗證。但在今天，如果不會記
錄、不勤於記錄，就無法構建自己的第二大腦，無法享受
人工智慧給我們的學習、思考和創新帶來的便利，無法發
揮人機協作給個人帶來的爆炸性優勢。有些人會擁有第二
大腦，有些人沒有，這個區別是一個清晰的事實。

當然，僅僅記錄還不夠，我們還要用數位化的方法來
管理、使用第二大腦當中的記錄。

你肯定有過這樣的經歷：剛剛讀完一本好書，你想記
住其中一些有價值和啟發意義的內容，你努力了，在書上
畫線，甚至將部分內容摘錄到自己的第二大腦中。可能在
記錄的時候，你還使用了本書強調的重要經驗：讓它和其
他的資訊產生連結。但最終發現，你還是忘記了。這些資
訊沒有在你的大腦中產生「凹槽」，這些名人金句就好像
過眼雲煙，對你的生活沒有發揮真切實在的影響和作用。

行百里者半九十。記錄是基礎，是最花時間和精力的
工作，但它僅僅是成功的一半，另一半在於使用。我認為

常常回顧、重溫我們的記錄，是讓記錄不斷發揮作用最有效的途徑。

回顧、重溫記錄有 2 種方法，一是重複，我們在記錄上做出畫線等標記、大聲朗讀、閉上眼使勁回憶，這些方法本質上都是重複；二是梳理大腦中相關資訊的連結，例如我們畫一張關係圖，梳理一下新資訊和大腦中已經有的舊資訊之間具體的連結（如圖 6-2 所示）。

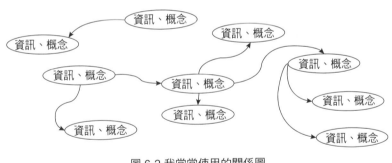

圖 6-2 我常常使用的關係圖

這 2 種方法，無疑方法二更為有效。如果你僅僅想記住孤立的事實，而不積極地去尋找這個事實和其他的事實之間的連結，即使多次重複，記憶的效果也會很差。

　　在我長期的實踐中，我摸索出一種有效的方法，可以概括為：「視覺化」——把相關的、有連結的資訊集中到一起，可以放到一個頁面、一張圖譜、一面白板之中，有必要的時候，還必須列印出來，盯著螢幕或者紙張看——久久的凝視。

　　人類的思考是和眼睛同步的。眼睛就是大腦之外最大的神經元，我們在用眼睛閱讀資訊的同時，它可能刺激大腦內部的神經元，開展一種想像和體驗，就像我們在真實的世界中親自經歷一件事一樣，從而整合我們大腦的通路，觸發神經元之間產生新的連結，不僅加深記憶，還可能促生新的創意。

　　很多名人在總結自己成功的經驗時都會提到「視覺化」的方法。大家都知道奧運滑雪冠軍谷愛凌，在美國有一個女滑雪運動員比谷愛凌還有名，她就是 2010 年的奧運高山滑雪冠軍琳賽‧沃恩（Lindsey Vonn，1984—），她在自己的職業生涯中一共獲得了 80 多次冠軍，次數遠超谷愛凌，是美國歷史上最成功的女子滑雪運動員。她在總結自己逢戰必勝的經驗時說：

在滑雪前我總是會想像一下滑雪的畫面,當站在出發點時,我已經在頭腦裡滑了 100 次了,想像著我每次要怎樣拐彎……一旦將一條路線視覺化,我就永遠不會忘記。所以我滑的路線總是正確的,我可以完全按照我想要的方式滑完比賽的全程。

就在我寫作本書這個章節的時候,Logseq 已經推出了「白板」的新功能,它可以把一些區塊從不同的頁面之中抽離出來,放到同一張平面之上,並且重新定義它們之間的連結和關係——所以稱為「白板」。我相信白板是一個非常有用的功能,在白板上的資訊會更好的變成思考和行動,就像我們前面介紹的圖譜分析一樣。

## 二、實行量化分析,保持個體生活的高度清晰

因為孩子喜歡打冰上曲棍球,我最近幾年開始觀看北美的冰上曲棍球比賽。我注意到北美電視臺的主播在講解曲棍球賽事的時候,擁有大量的、驚人的資料。例如,主播會告訴你,剛才某某運動員的這個進球,是整個賽季第七個決定性的進球了。然後畫面會立刻播出他前幾個進球的情況,這時候主播又會告訴你,今天的第七個進球和第

三個進球高度相似，他會拿出另外一場發生在幾個星期之前的類似比賽進行對比，他會對比運動員動作的幅度、進球的角度、其他隊員的位置佇列，透過電視上畫中畫的螢幕進行展示。你確實發現，有些情況幾乎一模一樣，他又繼而給你分析這位運動員的風格、技巧，甚至立刻調出了他在接受記者採訪時的自我陳述和對答，解釋他為什麼要這樣做，這種風格何以形成。在聽到這樣講解的時候，你會感到這位主播做了很多準備，不僅在真材實料當中遊刃有餘，還有自己的判斷，這種充實的觀感會令你情不自禁地讚嘆。當然，我們不難推斷，這位主播和電視臺在轉播這場比賽之前，必定做了大量的資料分析工作，他很可能也在使用一個類似第二大腦的工具，即提前把所有的資料、可能用到的鏡頭都條分縷析的分類了，一旦需要，就可以立刻搜尋、調用和播出。

我還發現在賽車比賽中，主播也開始大量的使用資料。因為已經有很多的傳感設備安裝在賽車之上，這些感測器記錄了引擎的轉速、車速、位置、外部的溫度、濕度、氣壓風速等情況。主播在解說的時候，可以大量的引用這些資料，來分析賽車手操控賽車的行為，這些資料和分析也給觀眾帶來了極為信服、充實的感受。

　　這種令人信服、充實的感受之所以產生，是因為人類的天性就重視證據，而且極其重視數位化的證據，數字是所有證據當中最銳利的、最精確的，因而也是最有穿透力的證據。你也可以把自己的人生視為一場比賽，我從中獲得的啟發是，我們也要像這些主播一樣用量化分析的方法來管理我們自己的人生和生活素材，唯此，在人生的賽場上，我們自己、我們身邊的其他人才會對生活產生一種充實、緊湊的滿意感和成功感。

　　也就是說，我們必須要用統計、量化分析的方法來管理、使用我們的第二大腦。在第二章我介紹了一種全新的、革命性的日記模式，它可以把目標、任務、措施和時間的管理融合到一起，用自我追蹤和量化的方式來進行自我管理。透過不斷地動態整合和動態分析，我們的人生將會變得非常清晰。

　　一個人如果擁有清晰的人生，那也一定會是成功的人生。我在本書第四章節還討論了如何把模糊的念頭記錄下來，認為這是一個非常大的難題，強調要進行突破，因為這種突破價值極大。事實上，我們很多人在生活中不成功，就是因為自己的大腦長期停留在模棱兩可的狀態，在

現實生活當中做不出清晰的判斷和決定。

我們之所以是這樣，也和哺育我們成長的傳統文化有關。我們的傳統文化過於推崇模糊和混沌的功用，低估了清晰的價值。因為寫作的關係，我常常會在夜間出門散步，而我所住的社區有很多郊狼出沒。我在月色下散步的時候，如果看到一個東西在移動，愈來愈近，當然就要提高警惕。最初遠的時候不過是一片模糊的黑影，但是愈近就愈清楚，就能看清是一個人還是一個動物，甚至能確定是一個男人還是一個女人，是一條狗還是一匹狼。那些反對分析、推崇模糊的人，是讓我們滿足於最初的那一片模糊的黑影，而放棄所有的行動和準備。

當我們走在人生的長路上，當一些糟糕的事、困難或者挑戰將要發生的時候，它們也是遠處的黑影，我們要盡量去分析它、量化它，讓它變得清晰，一旦它清晰了，我們就不會那麼焦慮。事實上，即使是一些好事臨近，我們在興奮的同時也應該讓它變得清晰，很多時候，我們常常高估一件好事帶來的效果，結果在好事來臨之後反而失望，就是因為那件好事在我們的心中也是一團模糊，並不清晰，我們對它抱有不切實際的想像。

　　面對生活中的任何情況，事實上我們只有 3 種選擇：改變、接受或者離開。這 3 個選項就像 3 個按扭一樣明明白白地擺在我們的面前，我們必須選擇並啟動其中一個，如果我們拒絕，就會一直處於模糊糾結的狀態。例如坐在那裡希望自己做出改變，但從來沒有改變；希望自己離開，但從來沒有離開；同時對所有這一切又沒能真正的接受。毫無疑問，這樣做，我們個人的生活就會陷於停滯當中。很多人一生都生活在這種混沌中，他們對人生的一些重大問題，例如生和死、愛和恨、自由和公平、民主和專制，文明和野蠻，一直到死都沒有想清楚。就算是現實生活中很多衣食住行的具體問題，也都遠遠沒有想清楚，所以只能一直在混沌模糊的狀態中循環和轉圈。

　　直抵清晰狀態最有效的方法就是量化。一個人碰到困難，很生氣、很沮喪、或者抵制不住誘惑、想抽煙、想偷懶、想暴飲暴食，這些衝動、情緒和欲望都應該被量化，量化就是給它們打分，它們有多強烈？從 1 到 10 可以打幾分？是要滿足自己哪方面、哪個部位的需求？這種情緒和衝動如果得到滿足會帶來多大的收益？當你從各個角度去分析它、量化它的時候，你就會發現，慢慢地它不是情

緒的一部分了，你分析得愈清晰，負面的情緒和欲望就愈可能被你擊退，或者像烏雲一樣消散。

當我面臨衝突，難以決定的時候，我會去到第二大腦的相關頁面，梳理我的價值觀，一邊閱讀我的相關記錄，一邊考慮我該如何決策；甚至在紙上把這些記錄重新寫一遍，並拿在手邊，面對問題不斷地反問自己，根據這些記錄的對照我應該如何來處理這個問題——這就是清晰，一對一的清晰。當然，在這個過程中，也可能發現自己的記錄遠遠不夠，那就根據實際問題重新補充、校正自己關於價值觀的記錄。這正是第二大腦從上至下的建設方法。

有沒有打破模糊、把想法和問題上升到清晰程度的能力，關係到人一生的發展，這是從無意識上升到有意識，在你將模糊的東西變為清晰的有意識之前，那些模糊的東西將控制你的生活，讓你無所作為。事實上，這些模糊的東西就是很多人想不清楚、說不清楚，但把它稱之為「命運」的東西。

只需要終生踐行清晰的價值觀，不斷地用量化分析的方法去管理自己的記錄和第二大腦，就一定能改變、掌控自己的命運。

## 三、憑藉人機協作，成為智慧增強人

　　前 2 點經驗，無論是記錄，還是動態量化管理，在沒有第二大腦的時代，也是可以做到的，但成本很高，也就是說需要消耗極大的腦力和時間，還需要非常的執著，換句話說，這 2 點經驗雖然好，但難以在大眾當中普及。正因為如此，在過去的時代只有像柳比歇夫那樣少數的人物才能利用這兩點經驗獲得成功。

　　第二大腦的出現，讓普通人都可以非常輕鬆的實現以上 2 點經驗。不僅如此，借助人工智慧的技術，我們還可能超越個人生物大腦的有限性，產生一些單個大腦完全無法產生的創意。

　　在前面我舉出的 3 個 ChatGPT 的例子當中（請參見第279-280 頁），我很欣喜地發現，ChatGPT 並不是在像查字典一樣一對一地回答我的問題，而是給了我一些可以啟發創意的元素（也許一些元素本身就是創意）。例如在第一個我徵求書名意見的問答當中，它使用了「祕密武器」這個詞；在第二個擴寫的要求當中，它例舉了「一個人可以透過發表一個有趣的笑話來讓對方開心，或者在對方狀態不佳時及時給予安慰」的具體事實；在第三個問題當

中，它提出了「許願珠」這個我完全沒有想到的東西。這些都是我的大腦當中本來沒有的東西，對世界來說，這些東西不是新的，但對某時某地的我來說，它們就是新的，這些新東西說明我組織、拓展了自己的思維，當然也就帶來了一些新的啟發。

我們在前文討論過，任何一條資訊都是以分散式的方式貯存在大腦神經元中的。一個人展開思考，就是在第一大腦中不同的神經元之間試圖建立有價值的連結，透過不同的神經元的樹突和軸突相連，產生了一條新的通路或者說橋樑。這種新的連結不僅僅關係到記憶，關係到知識，而且它就是創意和創新本身，人生就是連點成線、連線成圖，創新就是有價值的新連結！神經科學也證明，神經通路是可塑的。當我們接受一條新的資訊的時候，我們第一大腦中的部分神經元會努力和其他的神經元連結，形成新的通路。但大部分神經元也像人一樣，很懶惰，一般情況下，它只和附近的神經元發生連結。所以我們一般情況下想到的東西，都是其它人也能想到的東西，平庸就是這樣產生的。

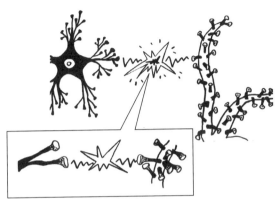

圖 6-3 2 個神經元連結產生新的大腦通路

繪圖：Yi Tu

　　這就是我們需要第二大腦的終極原因，當我們把生物大腦當中的所思、所想、所記投射到網際空間當中，人工智慧就可以用演算法說明我們發現、建立新的神經元連結！當我們的大腦形成了新的大腦通路，我們的決策和行動就可能會有所改變。也可以說，第二大腦的演算法賦予了我們生物大腦一種新的靈性，來自演算法的靈性，是第一大腦無法在短時間裡內生的靈性。

　　但我們又不能將思考和創新的工作完全交付給 ChatGPT 之類的演算法。ChatGPT 的創新是基於大數據的，當它的訓練資料是一樣的時候，它只能得出一樣的答

案，無論任何問題，當我們和世界上億萬他人得出一樣的答案，那就不可能是創新。工程師可以開發出更好的演算法，但我們每個人卻必須構建自己的資料庫，工程師的努力才會有意義。在人工智慧的時代，我們必須透過各種各樣的記錄行為完成數位記憶體的搭建，這是我們個人使用人工智慧的基礎——這正是本書第二章重點闡述的內容。

當我們擁有不同的資料，即使每個人都使用相同的演算法，也能創造出新的奇跡。

就在本書即將付印的時候，ChatGPT 又成功地通過了一門研究生課程的期末考試。這份試題來自世界著名的商學院——華頓商學院的 MBA 營運管理課程。和人不一樣的是，ChatGPT 僅僅用了幾秒鐘就完成了考試，還有人讓ChatGPT 參加了美國醫生的執照認證考試（USMLE），它的表現也超出了預期。類似這樣的消息，讓人類感到被人工智慧所替代的威脅。

這種被替代的威脅正是本書所反對的。不少人擁有這種「替代思維」，他們認為人和機器是「有你沒我、只能二選一」的關係，還有很多人認為，人工智慧對人類的替代只侷限於低端的、重複性的工作，例如收銀員、電話客

服、打字員、保全、廚師、保姆、翻譯、會計等，而一些
具有創造性的工作，例如作家、科學家、企業家、演員、
心理諮商師，人工智慧是不可能取代的。

　　事實上，這2種想法都錯了，人工智慧可以通過現在
的考試，這完全不能代表它可以取代人。我相信未來會出
現新的考試方式作為衡量一個人水準的標準，就像我們今
天的大部分考試允許帶字典、帶計算機一樣，未來的考試
也會允許帶上自己的第二大腦、使用類似 ChatGPT 的人工
智慧，未來考試的重點是看看誰有更好的工具、誰能更有
效的使用工具，就像在戰場上人和武器是一體的，我們必
須要較量武器一樣。還有，人工智慧不僅僅會幫助我們收
銀、接電話、開車、做菜、洗碗，做一些重複性的工作，
它也能創新，我們現在可以看到人工智慧會作詩，會繪畫、
會寫新聞稿，這些都是帶有創造性的工作，未來所有的創
新，都會是人機協作、人機協作的結果。當然也有可能，
人類對「創新」的定義會改變，會出現新的文學和藝術。

　　所有的人腦，都會在人機協作的面前失去優勢。基於人
腦的思考和分析，將無法和人機協作相提並論。所以，人機
協作才是真正的未來。人機協作一定會改變人類的記憶和思

考，推動我們產生新的創意，但這離不開人本身關於思考和創新的努力。人機協作的結果，是人類生物大腦能力的擴展和增強。使用第二大腦，我們會成為智慧增強人。而今天我們所有的人，都會在智慧增強人面前黯然失色，因為在第二大腦的幫助下，他們擁有的是一顆增強大腦。

# 後記

　　我從 2021 年 8 月開始使用 Logseq。在此之前，我個人最常用的數位記錄工具是微軟的 OneNote 和印象筆記。OneNote 有交叉分類的功能，你可以建立一個專題筆記本，筆記本下面再建立分區、頁、子頁，可以在一個頁面之內的任何地方插入或編輯，一段資訊可以自由移動、插入任何分區，這意味著可以隨心所欲地組合、剪裁和布局；印象筆記的好處是可以從其他 App 中抓取資訊，還可以用發郵件、拍照、錄音的方式來採集資訊。除了這 2 個數位化的工具，我還有 2 本手寫筆記本，一本是小的，可以放在口袋裡，主要用於碎片化的記錄；另一本是大的，平時放在書桌上，記錄日記和感想。

　　在使用 Logseq 之後，我用了近半年的時間把我以前一些重要的記錄轉到了這個平台之上。因為它確實好用，舊的工具開始退出和消失。今天，除了還保留一本帶有日記規劃格式的筆記本，第二大腦已經完全取代了我過去的

全部工具。就威力和效率而言，我常常感覺我過去擁有的是一把槍，而現在擁有的是一顆原子彈。

我從中受益，也希望把這些收益分享給更多的人，我相信，如果一個人儘早著手建立他的第二大腦，將會成為他成長、成功、成材的競爭優勢。事實上，現在你就可以創建先發優勢，比旁邊的人走得更早、更遠。

2021 年 9 月，我受邀去華南師範大學附屬中學做報告。這是一所蜚聲中外的廣東名校，走出了不少燦若星辰的學子。時任校長的姚訓棋先生問我要講什麼，我思考了一段時間，告訴他講智慧時代的讀書方法。本書的一些想法和初心就發軔於這一場講座。到了 11 月，我應邀去華南理工大學未來技術學院做講座，面對重點大學的天之驕子，我又該和他們交流一些什麼呢？我認為，對今天的大學生來說，最大的知識來源已經不是書本和課堂，而是網路，大學生要有能力借助網路獨立完成學習，因此把這場報告的主題確定為「怎樣讀書、讀數以及讀網」。從和年輕學子的討論中，我的一些想法不斷得到豐富和完善。到2022 年 1 月，要寫一本關於第二大腦的書這個想法就自然而然脫穎而出了。到了 2022 年暑假期間，我送孩子到美

國讀書，旅居在加州，有了幾個月不受打擾的時間，從而聚焦在思考和寫作上，本書就水到渠成、瓜熟蒂落了。

我在前面也說過，本書的寫作就是我自己第二大腦中的一個項目，本書的初稿幾乎完全在 Logseq 中完成的，就寫作的效率而言，我感覺提高了三分之一以上。

我要感謝天津師範大學的王樹義副教授，正是在他公眾號「玉樹芝蘭」上我第一次獲悉 Logseq 這個軟體，他是少數派網站的資深作者，從他的教程上我學到很多。樹義把我拉進了 Logseq 的中國使用者群，我又認識了 Logseq 的創始人秦天生和許多熱心的愛好者，從而了解到這款軟體的前世今生。出於自己學習和工作的需要，秦天生在 2019 年做了一個小工具給自己記筆記用，後來分享給一些朋友。大家覺得有意思，就創建了 discord 小組，因為開源，接著有愈來愈多的貢獻者和用戶加入到這個小組。天生隨後組建了團隊、獲得了投資，到 2022 年 11 月，推出了 Logseq Sync 版本，就日常功能而言已經相當成熟。本書的寫作還要感謝 LogseqPro 頻道主理人 Ws，他是 Logseq 熱心的宣導者和實務高手，在本書的寫作過程中，我和他有過幾次討論，本書的圖 2-31 和圖 2-32 就是

他幫我製作的。

我還要特別感謝涂新輝先生，正像我的前幾本新書一樣，他仍然是這本新書的第一位讀者，給我提出了不少寶貴的意見。方柏林先生也在我寫作之初給了我一些重要的建議和鼓勵。歲月流逝，基於思想和情懷的友誼像恒星一樣，始終都在。

最後，我還要感謝中譯出版社的社長和編輯團隊，是他們最敏銳的眼光、最飽滿的熱情、最嚴謹的工作態度促使了本書在最短的時間內付印，趕在 2023 年農曆新年走向讀者和市場，就像一位母親看見自己的子女能在最好的時機邁向社會、走向獨立一樣，我對此心懷感激。

中國的發展其實在不斷地證明，我們的社會極度需要理性的宣導和普及。第二大腦就是一個理性工具，它可以幫助我們每一個人記憶、思考和創新。中國社會也尤其注重家族的傳承，借助第二大腦，人類個體的知識和智慧可以在家族中得到綿綿不息的傳承，它可以幫助我們的下一代、下下一代、直到千秋萬代。事實上，如果第二大腦能夠早一點走進我們中小學生的課堂，讓人人都從 10 歲開始著手建設自己的第二大腦，儘早普及人機協作的價值觀

和技能，第二大腦就會成為中國的國家優勢、華人的群體優勢。每念於此，我倍感欣慰，這也是我寫作本書的最大動力。

國家圖書館出版品預行編目 (CIP) 資料

第二大腦：創建專屬數據資料庫，提升個人發展，傳
承數位遺產／涂子沛 著－初版 . -- 臺北市：三采文化，
2023.08
面： 公分 . （iLead 13）
ISBN：9786263581388 　　（平裝）

1.CST: 資訊時代 2.CST: 大數據

541.415　　　　　　　　　112010055

◎封面圖片提供：
iStock.com / XH4D
iStock.com / Mykola Lishchyshyn

**suncolor 三采文化集團**

iLead 13

# 第二大腦：
## 創建專屬數據資料庫，提升個人發展，傳承數位遺產

作者｜ 涂子沛
責任編輯｜ 張凱鈞　專案主編｜ 戴傳欣
美術主編｜ 藍秀婷　封面設計｜ 方曉君　內頁排版｜ 曾瓊慧
行銷協理｜ 張育珊　行銷副理｜ 周傳雅　版權副理｜ 杜曉涵

發行人｜ 張輝明　總編輯長｜ 曾雅青　發行所｜ 三采文化股份有限公司
地址｜ 台北市內湖區瑞光路 513 巷 33 號 8 樓
傳訊｜ TEL:8797-1234　FAX:8797-1688　網址｜ www.suncolor.com.tw
郵政劃撥｜ 帳號：14319060　戶名：三采文化股份有限公司
本版發行｜ 2023 年 8 月 4 日　定價｜ NT$480

suncolor

suncolor